TODA MUDANÇA COMEÇA EM VOCÊ

Geoff Beattie

EDITORA FUNDAMENTO

2014, Editora Fundamento Educacional Ltda.

Editor e ediçao de texto: Editora Fundamento
Editoração eletrônica: Avancci Desenvolvimento e Edição de Livros Ltda; Willian Bill
CTP e Impressão: Gráfica Vida e Consciência
Tradução: Sertão Produções Artísticas e Cinematográficas Ltda. (Pedro da Costa Novaes)
Capa: Zuleika Iamashita

Dados Internacionais de Catalogação na Publicação (CIP)
(Câmara Brasileira do Livro, SP, Brasil)

Beattie, Geoff
Toda mudança começa em você / Geoff Beattie ; [versão brasileira da editora] . - 1. ed - São Paulo, SP : Editora Fundamento Educacional, 2014.

Título original: Get the Edge.

1. Autoajuda - Técnicas 2. Conduta de vida I. Título

11-11015 CDD-158.1

Índices para catálogo sistemático:
1. Autoajuda: Psicologia aplicada 158.1

Fundação Biblioteca Nacional

Depósito na Biblioteca Nacional, conforme Decreto nº 1.825, de dezembro de 1997.

Impresso no Brasil

Telefone: (41) 3015 9700
E-mail: info@editorafundamento.com.br
Site: www.editorafundamento.com.br

Este livro foi impresso em papel-cuchê fosco 115 g/m² e a capa em papel-cartão 250 g/m².

TODA MUDANÇA COMEÇA EM VOCÊ

Este livro é dedicado a minha mãe e meu pai.

SUMÁRIO

CAPÍTULO 4

CAPÍTULO 5

CAPÍTULO 6

CAPÍTULO 7

CAPÍTULO 1
PRIMEIROS PASSOS/ PRIMEIRAS IMPRESSÕES

Não julgo os homens por nada do que fazem. Seu maior feito é a impressão que causam em mim.
Thoreau, *Diário*, 18 de fevereiro de 1841

Por que algumas pessoas se sentem naturalmente confortáveis interagindo com desconhecidos, enquanto outras não? O que é possível fazer em relação a isso?

Começo por uma história pessoal.

Eu fui uma criança tímida, ainda que tivesse muitos amigos próximos nas ruas operárias de Belfast, onde cresci. Eu sentia vergonha diante de estranhos, sobretudo adultos que não conhecia.

Numa tarde de sábado, no centro da cidade com minha mãe, era comum toparmos com algumas de suas velhas amigas, pessoas que eu não reconhecia, que talvez ela tivesse conhecido antes de se casar com meu pai. Apresentado a elas, eu ficava encarando o chão, evitando qualquer contato visual, exceto com as rachaduras da calçada, sentindo-me tenso e desajeitado.

Não me lembro em detalhe do que se passava na minha cabeça, mas me recordo vivamente da aparência – em parte porque as pessoas comentavam muito – e da sensação da minha rígida postura corporal.

– Ele é um garotinho tímido, mas é muito simpático – a amiga dizia, de alguma maneira equiparando "timidez" a "simpatia", algo que desde então passei a considerar significativo.

Eu cerrava as mãos com força atrás das costas, não por causa de impulsos agressivos latentes, que eu me lembre, mas porque não gostava de aceitar dinheiro de estranhos, oferta que sempre acontecia nesses encontros. Hoje, considero positivo esse costume, mas quando criança, acho que não gostava da ideia de que as pessoas pudessem comprar minha afeição. Eu não queria dever nada a ninguém.

Talvez eu encarasse a questão de maneira demasiadamente particular, recusando-me de forma inflexível a enxergar o quadro mais amplo. No final das contas, eram trabalhadores que não tinham muito, mas que dividiam esse pouco que possuíam. Eu frustrava suas intenções simplesmente me recusando a estender a mão e pegar o dinheiro; não aceitava o convite para aquela troca.

Começava então um longo ritual em que tentavam me fazer aceitar algumas moedas ou uma nota de uma libra. Era uma situação embaraçosa para todos, uma vez iniciada. A amiga ficava constrangida pela minha recusa e tentava enfiar à força o dinheiro na mão firmemente cerrada – elas presumiam, é claro, que eu recusava por educação.

Eu resistia, tremendo pelo esforço físico, como faria alguém que se recusa a cooperar com o inimigo. Minha mãe, envergonhada, desviava o olhar.

– Ele não faz isso normalmente – ela diria.

Mas eu sempre agia do mesmo modo, sempre resoluto à minha maneira peculiar.

– Ele em geral arranca logo o dinheiro da mão da pessoa, como qualquer garoto; está um pouquinho mal-humorado hoje – acrescentava ela.

No ônibus, voltando para casa, minha mãe reclamava do meu comportamento e da minha inaptidão social, reforçando o quanto aquilo era constrangedor para todos e me lembrando ainda de que meu irmão Bill não teria se recusado a cumprimentar alguém, a conversar ou a aceitar o dinheiro.

– Você consegue ser um menino realmente estranho quando quer – dizia ela. “Estranho” significando socialmente inadequado. – Quando você vai crescer e parar com isso? – perguntava.

Durante anos, mesmo já adulto, eu tinha dificuldade para entrar em uma sala cheia de desconhecidos e conversar normalmente. Felizmente, isso só durou por um tempo, pois, mais tarde, movido, sobretudo, pela necessidade, mudei, a ponto de minha mãe mal compreender o que via. O fato de estudar psicologia certamente foi um elemento essencial desse processo de transformação.

– Meu Deus, você não consegue mais ficar calado ultimamente! – dizia ela com uma ligeira expressão de surpresa e um tom quase de reprovação em sua voz. – Você conversa com qualquer um; não presta mais atenção ao que faz; merecia ganhar um prêmio de melhor paquerador!

É importante ressaltar que, em sua maneira de ver as coisas, conversar com qualquer mulher entre, digamos, 18 e 50 anos, de forma relativamente amigável ou simpática, significava necessariamente “paquerar”. Tentei demonstrar-lhe a diferença muitas vezes, mas sem sucesso. Creio, entretanto, que ela achava que eu fora demasiadamente longe na direção oposta – me tornara “saidinho” demais.

– Você tampouco recusa dinheiro hoje em dia – ela dizia. – Você mudou muito.

Talvez, no fim das contas, minhas frustrações pessoais tenham me levado à psicologia. Eu queria entender a relação entre essa espécie debilitante de autojulgamento, que sufoca o desenvolvimento pessoal e social, e a interação social. Creio que precisava compreender a conexão entre meu comportamento de fato em relação aos outros e aqueles incômodos pensamentos egocêntricos e as enervantes dúvidas a respeito de mim mesmo, que surgiam inesperadamente a qualquer momento em minha mente.

Então, como interagir de forma mais efetiva? Do que devemos ter consciência quando falamos com outras pessoas e qual o papel desempenhado por processos inconscientes quando conhecemos outros indivíduos e interagimos com eles? É possível manipular o inconsciente para obter resultados mais satisfatórios? Podemos direcioná-lo de forma mais estratégica? É possível treinar para nos tornarmos mais hábeis em termos sociais?

Estudei durante muitos anos os processos básicos da interação social, primeiro para meu doutorado em Cambridge e depois em outras universidades de ponta. Passei a me dar conta do poder dos pequenos comportamentos e do incrível significado de detalhes ínfimos que, por vezes, eram o segredo de resultados socialmente positivos.

Parte desse estudo deve ter me contaminado, pois meu próprio comportamento começou a mudar. Deixando a timidez para trás, minha gagueira singular e característica desapareceu, espero, para sempre.

– Você faz isso para que as pessoas sintam pena de você? – minha mãe costumava perguntar.

Cheguei à conclusão de que a vida é curta demais para que me ativesse a barreiras como essas que me aprisionavam numa claustrofobia social.

Qual é o segredo, portanto, para se libertar dessa inaptidão social? Do meu ponto de vista, a ciência da psicologia pode enriquecer muitos processos cotidianos importantes. Neste livro, discutiremos algumas das descobertas mais interessantes dessa disciplina vibrante que não cessa de avançar. A escolha é variada; há aqui ideias que considero úteis e enriquecedoras e também fatos que me surpreenderam.

Este livro não é um manual de treinamento, mas, com alguma frequência, um pouco de conhecimento pode ser tudo de que necessitamos para iniciar o processo de mudança, para nos ajudar a "sair na frente".

Imprimi ao livro um tom pessoal, muito pessoal em alguns momentos, por considerar importante mostrar que o tipo de psicologia que discuto tem impacto direto sobre vidas reais, incluindo a minha própria. Isso é parte de uma preocupação em demonstrar a relevância e o significado da psicologia como disciplina para toda a nossa vida.

COMO FAZER A ENTRADA PERFEITA

Comecemos pelo início: qual a maneira perfeita para chegar a um evento social?

Haverá um conjunto de indivíduos, todos prontos para interagir com você, mas ao mesmo tempo preparados para efetuar uma série de julgamentos sociais – rápidos e, por vezes, inconscientes – a seu respeito.

Evidentemente, em uma festa, ou, na realidade, em qualquer evento social, muitas pessoas tendem a um elevado grau de policiamento em relação a si mesmas. Isso as deixa bastante atentas a seu próprio comportamento e também mais preparadas para pensar por que outras pessoas se comportam de determinadas maneiras. Essa aceleração da espiral de julgamentos era o que me aterrorizava.

O primeiro item a considerar para conseguir a chegada perfeita é o momento. Trata-se de uma decisão bastante simples.

Chegando cedo, há a vantagem de contar com mais tempo para conversar e, dessa forma, sentir-se mais familiarizado e confortável com as pessoas. Por outro lado, é possível que elas se perguntem por que você chegou tão cedo.

– Ele não tem nada melhor para fazer?

Chegar a uma festa com mais antecedência possibilita-nos, é claro, observar a entrada dos demais convidados, o que aparentemente é uma óbvia vantagem. O outro lado da moeda reside em ter que, temporariamente, interromper os laços sociais que estavam se formando para monitorar os que chegam, algo que pode deixar desconfortável a pessoa com quem se está conversando.

– Por que não estão interessados em mim? Por que todos ficam prestando atenção à porta?

Aparecer mais tarde transmite potencialmente uma mensagem implícita de que não se está desesperado para estar ali. Uma possível desvantagem de chegar depois é a de que laços sociais já estarão se formando, e, com frequência, é mais difícil adentrar um grupo social já estabelecido ou parcialmente consolidado.

Portanto, no que diz respeito ao momento, é importante chegar nem tão cedo nem tão tarde. A melhor hora é aquele estágio da noite em que já houve algum tempo para que as pessoas conversassem, mas quando os convivas ainda buscam novos estímulos.

Eventos sociais como festas giram em torno de primeiras impressões, pois as pessoas tomam decisões rápidas, quando não instantâneas, em relação a com quem interagir e quem evitar.

É possível arriscar-se em festas, buscando contato com pessoas novas, como não acontece em outras situações. Existe a oportunidade de conversar com interlocutores de quem não nos aproximaríamos em qualquer outro contexto. Por isso, é importante que sua aparência reflita a intenção de impressionar rostos não familiares.

No início de muitas formas de interação, o medo da rejeição pode ser a emoção predominante, tendendo a inibir o que as pessoas fazem. Numa festa, entretanto, a regra implícita diz que, uma vez ali, estamos abertos pelo menos a alguma interação social. Assim, se alguém o aborda, deixe-o imediatamente à vontade, sorria de maneira calorosa e não ameaçadora, cumprimente a pessoa e se concentre no tom emocional de cada frase que você usar. Em suma, faça com que as pessoas se sintam bem-vindas. Sorrisos são um signo social extremamente contagioso, sobretudo quando abertos e naturais, contribuindo para ampliar o prazer com a interação.

Numa festa, fale sobre você mesmo, mas não exagere. Os homens, com certa frequência, tendem a falar demais sobre si mesmos num curto período de tempo, de forma a se situarem numa hierarquia social – o que não raro é sua maior preocupação. Isso tende a gerar aversão. É preciso ser interessante no que se diz, mas também mostrar-se atento.

Demonstre sua atenção por meio de um forte contato visual e pelo uso de canais secundários de comunicação, como "hum" e "ahã", que se encaixam naturalmente nas breves pausas de discurso da pessoa que fala, estimulando o fluxo da conversação e impedindo que silêncios constrangedores se desenvolvam. O uso eficaz de sinais, através de canais secundários, faz com que a pessoa que fala em um grupo direcione boa parte de sua conversa para você, o que o colocará em posição de destaque, por ser o foco da atenção de quem tem a palavra.

É preciso manter-se atento a seu grupo social momentâneo, mas ao mesmo tempo notar quem chega. Essas olhadas ao redor devem ser breves, mas podem até ser comentadas com seus parceiros de conversa, de forma a transformar o processo em uma atividade cooperativa. Você pode, por exemplo, dizer:

– Quem terá sido convidado?

Fazendo um comentário assim, é menos provável que sua vasculhada pelo salão seja tomada como evidência de que você está entediado com a conversa.

Estas são algumas das maneiras para conseguir a entrada perfeita.

- Lembre-se de que seu comportamento não é algo fixo; é possível mudar a maneira pela qual interagimos com os outros.
- Numa festa, pense com antecedência sobre o melhor momento para chegar.
- Seja um bom ouvinte; faça com que os outros sintam vontade de conversar com você.
- Evite falar em excesso sobre si mesmo cedo demais; não exagere em sua apresentação; mantenha um equilíbrio entre o quanto você fala e o quanto ouve.
- Torne prazerosa a conversa com você, utilizando com frequência os canais secundários (como "hum" e "ahã") para encorajar os outros a falar.
- Esses canais secundários atraem muito a atenção de quem fala; eles farão de você o foco preferencial da conversa.

COMO CRIAR EMPATIA MÚTUA INSTANTANEAMENTE

A forma mais rápida para estabelecer empatia instantânea com alguém é demonstrar sincronia de movimentos com essa pessoa. Não é necessário copiar de forma exata o movimento do outro, algo que pode, por vezes, parecer estranho se não for bem feito, mas sim espelhar o tempo de sua movimentação. Esse é, normalmente, um sinal inconsciente de empatia, mas que, com alguma prática, pode ser conscientemente manipulado.

Quando a pessoa pega o cardápio, alcance seu copo; quando passa a mão no cabelo, toque o rosto, e assim por diante. Procure também focar nas palavras ditas e no ritmo natural da própria fala. Esse é o mecanismo para lograr perfeita coordenação. Permita que seus movimentos corporais sejam afetados pelos pontos de inflexão do discurso. Meça conscientemente seus movimentos na parte inicial da conversa, de forma a estabelecer algum grau de empatia logo no começo, mas em seguida deixe que os ritmos da fala assumam o comando. Em questão de minutos, ou quem sabe até mais rápido, haverá a sensação de empatia.

- Para estabelecer empatia mútua com alguém, copie o tempo dos seus movimentos.
- Foque nas mudanças de ritmo na fala e permita que isso conduza à "sincronia interacional" entre vocês; ambos devem mover-se naturalmente juntos, sob o ritmo da fala (se isso não ocorre de forma natural tão rápido quanto se deseja, faça-o deliberadamente).

COMO MANTER UMA CONVERSA SUAVE

Quando se acaba de conhecer alguém, não há nada mais constrangedor que o surgimento de um longo silêncio na conversa. Não obstante, aquilo que pode parecer uma ampla pausa, provavelmente, dura apenas um ou dois segundos – por vezes, até bem menos que isso. Normalmente, começamos a notar esses intervalos e a sentir desconforto a partir de seis décimos de segundo.

Esses silêncios se desenvolvem por diferentes razões, mas uma das mais importantes reside na dificuldade para predizermos quando alguém irá parar de falar.

Assim, para uma conversa fluida, ajude seu interlocutor usando dois mecanismos que permitem antecipar se alguém está prestes a interromper seu discurso: a lista de três elementos e o contraste entre dois elementos.

O primeiro recurso consiste em enumerar ideias no seguinte formato:

– Tenho uma porção de hobbies, como correr, ir ao cinema e ler.

Não conclua o raciocínio em "cinema", nem acrescente um quarto exemplo à lista, pois isso violaria a regra dos três elementos. Seu interlocutor será capaz de prever o final de sua frase quando ela chegar ao terceiro item da lista e poderá então intervir de forma imediata, sem intervalo perceptível.

A segunda técnica faz comparações entre dois elementos, como dizer, por exemplo:

– Gosto de cinema, mas teatro é melhor.

Uma construção assim também permite ao interlocutor antecipar-se à conclusão de um bloco de conversa, respondendo sem deixar que surjam silêncios constrangedores.

Se mesmo com o uso da lista de três elementos ou do contraste entre dois elementos, pausas estranhas aparecem na conversa, pode ser necessário mudar seus hobbies, sua aparência ou seu interlocutor, pois a razão para o silêncio pode ser bem mais profunda.

- Silêncios constrangedores frequentemente acontecem porque as pessoas não sabem de quem é a vez de falar.
- Evite esses momentos incômodos, ajudando seu interlocutor a identificar com antecedência o término de suas frases.
- Use listas de três elementos (A, B e C) e contrastes entre dois elementos (A não, mas sim B) para estruturar seu discurso.

COMO FAZER UM ELOGIO

O problema com a maior parte dos elogios reside em se restringirem a uma fórmula muito limitada, de estrutura sintática simples e diminuto vocabulário. Em termos sintáticos, limitam-se em geral a construções como "Você é muito legal." A palavra "legal" aparece, de forma constrangedora, em quase um quarto de todos os elogios feitos, e o pronome "você", em três quartos deles.

Fórmulas como essa são problemáticas porque as acionamos de maneira automática e destituída de qualquer tipo de reflexão. Consequentemente, elogios assim acabam vistos como fáceis e podem não parecer genuínos, mesmo quando realmente sentimos aquilo.

Quando conheci Cheryl Cole e o restante da banda Girls Aloud, preparando-nos para o programa de televisão *Ghosthunting with Girls Aloud* do canal ITV2, ela me elogiou quase instantaneamente. As meninas esperavam o jantar no restaurante de um hotel no norte do País de Gales, tomando vinho branco num canto só delas, perfumado e inebriante. Eu estava atrasado, como de costume, e fui o último a chegar, cansado após um dia inteiro de trabalho, vindo de Lincoln, onde gravara o programa *The Farm of Fussy Eaters.*

Ao entrar, vi que haviam me reconhecido. Soube depois que eram todas fãs do Big Brother. O fato de conhecerem meu trabalho facilitaria bastante a minha vida, pois eu iria analisá-las durante os próximos dias e noites. É útil que as pessoas achem que você tem algo interessante a dizer.

– Adoro ouvir suas análises – disse Cheryl, a primeira a falar, e acrescentou: – Você tem uma voz muito legal.

O elogio dela continha tanto "você", como "legal"– foi a primeira coisa que notei. Não arruinou tudo, mas poderia tê-lo feito. Respondi espontaneamente e sem pensar:

– Você também tem um sotaque bem le... – e então me corrigi: "...incrível".

Parecia quase exagerado, mas eu tinha meus motivos, que guardei comigo, felizmente.

Outro ponto importante: para elogiar de forma eficaz, é preciso romper a casca, usando uma estrutura diferente e evitando as palavras "legal" e "você." Diga algo como "Não pude deixar de notar seu cabelo; ele é lindo!" Mesmo o pronome "seu" soa melhor que "você", por demandar algum esforço de pensamento, ainda que mínimo. Avalie aquilo que parece mais adequado comentar e então busque a estrutura certa. Não lance mão de fórmulas, pois podem parecer pouco sinceras (por outro lado, tudo o que Cheryl diz soa verdadeiro, e isso é provavelmente seu maior dom).

- Faça elogios que soem originais (eles parecerão mais sinceros).
- Evite a palavra "legal" ao elogiar, sempre que possível, por seu uso banalizado.
- Evite frases que comecem com "Você é..."; nunca diga "Você é muito legal."

COMO "LER" ALGUÉM EM UM DÉCIMO DE SEGUNDO

Minha mãe sempre foi muito rápida para estabelecer julgamentos e se orgulhava da velocidade com que fazia isso.

– Ele é um ótimo rapazinho – diria ela, antes que meu novo amigo tivesse tempo para abrir a boca; ou, em outra ocasião:

– Ele é um menino mau, nunca vai se dar bem – isso dito antes que o amigo houvesse sequer se afastado.

– Dê uma chance a eles! – eu dizia.

Já então, eu achava que julgar alguém deveria depender de algo mais que uma simples avaliação do jeito de olhar, do ângulo da testa ou da forma peculiar como a boca de alguém se enruga em apenas um dos lados.

– Mas você sabe que eu sempre tenho razão – diria ela. – Você não me engana. Todos os seus amigos sabem que consigo ler qualquer um deles como se fosse um livro.

Anos depois, apresentei minha mãe, sem qualquer aviso prévio, a uma amiga muito próxima em Sheffield. Fora algo não planejado, ou assim tentei fazer parecer, mas o julgamento instantâneo de minha mãe sob os postes de luz naquela fria noite de inverno estava estampado em todo o seu rosto. Ela captou o que se passava entre nós:

– Tem alguma coisa nela que eu não gosto. Não me pergunte o que é. Ela não serve para você – disse, já voltando apressada para o carro, sem nem me olhar. – Leve-me de volta para sua casa agora.

É possível aprender a ler de fato alguém em um décimo de segundo? Pode-se conhecer uma pessoa num piscar de olhos? Como saber à primeira vista se seu interlocutor é confiável?

À luz daquilo que sei hoje, afirmo com segurança que a melhor dica psicológica nesse caso é a de que isso não é possível. Não há como fazê-lo. No entanto, a vasta maioria das pessoas continua a estabelecer julgamentos rápidos – não apenas minha finada mãe com suas opiniões tendenciosas. Por isso, para avaliar alguém de forma mais precisa, é necessário precaver-se contra nosso impulso natural para fazer julgamentos instantâneos e inconscientes. A verdade é que tendemos a qualificar outras pessoas, num piscar de olhos, em uma ampla gama de quesitos, incluindo atributos como o quão

atraente
interessante
confiável
competente

agressiva

essa pessoa é.

Não é possível, entretanto, detectar tais qualidades de forma rigorosa em tão pouco tempo – mas isso não impede nosso cérebro de tentar. Portanto, para avaliar alguém de maneira mais acurada, é preciso lutar contra essa tendência – natural, porém essencialmente destrutiva. Se não o fazemos, é alto o risco de julgarmos de forma inadequada e depois nos negarmos, inconscientemente, a corrigir nossas primeiras impressões. Afinal de contas, quem quer ser acusado de ter se equivocado?

Quando nos decidimos a respeito de alguém de forma tão rápida, nas interações subsequentes buscaremos apenas evidências que confirmem – ao invés de refutar – nossa impressão original. A mente não se mantém aberta e, em consequência, não nos interessamos por qualquer informação que possa contradizer a avaliação inicial. Por isso, a dica para ler alguém de forma mais precisa reside em desacelerar, ou inibir, esses processos naturais e inconscientes de julgamento – mais fácil dizer que fazer, com certeza, mas é preciso tentar.

A ciência, por trás dessas afirmações, embasa-se em pesquisas conduzidas por Janine Willis e Alexander Todorov, da Universidade de Princeton, que demonstram que julgar alguém que se acaba de conhecer é algo que a maioria das pessoas faz de forma imediata, natural e muito rápida.

Segundo esses autores, elaboramos inferências sobre as características das pessoas a partir de um processo essencialmente inconsciente. Para investigar a velocidade dessas avaliações, foram apresentadas fotografias – retratos de rostos com uma expressão neutra – e solicitou-se aos participantes que julgassem o quão "atraentes", "interessantes", "competentes", "confiáveis" e "agressivas" aquelas pessoas eram.

Os voluntários – metade homens, metade mulheres – foram informados de que aquele seria um estudo sobre primeiras impressões e que, por isso, deveriam fazer suas avaliações da forma mais rápida possível. Em alguns experimentos, os rostos foram mostrados por apenas um décimo de segundo, em outros, por cinco décimos de segundo, e em outros ainda, por um segundo.

Seria de se esperar que o resultado de um estudo assim fosse o de que, em um décimo de segundo, é impossível fazer qualquer julgamento. Quem sabe, num impulso, seja possível dizer se alguém é atraente, mas e quanto a outras características? Certamente é preciso mais tempo para extrair toda a informação presente num rosto, de modo a estabelecer uma opinião mais abrangente.

Não é assim, entretanto, que parece funcionar o cérebro humano. Mesmo após uma exposição de apenas um décimo de segundo a um rosto, foram estabelecidos julgamentos de personalidade muito similares a avaliações realizadas com tempo bem mais significativo para observar.

De forma assombrosa, as correlações mais significativas aparecem no julgamento da "confiabilidade". Em outras palavras, após meros cem milissegundos, estamos prontos a dizer se podemos ou não confiar em alguém.

Willis e Todorov também descobriram que o incremento no tempo da exposição – de um décimo para meio segundo – não afeta a correlação estatística de nenhum dos traços de personalidade examinados, isto é, "atratividade", "ser interessante", "confiabilidade", "competência" e "agressividade". Não obstante, permitir aos participantes um período mais prolongado para observar as fotos – mesmo que apenas meio segundo – teve efeito sobre as avaliações: os julgamentos tenderam a se tornar mais negativos e os sujeitos, mais confiantes em suas decisões. Essa negatividade crescente, em proporção ao tempo de exposição, sugeriu aos pesquisadores a possibilidade da existência de um "viés de positividade", que operaria nos julgamentos sociais em interações muito rápidas.

A pesquisa demonstra que formamos opiniões de forma extraordinariamente veloz em relação a certos aspectos da personalidade de outras pessoas, com base em traços faciais. Isso acontece com tanta rapidez que ignora qualquer processo consciente de decisão. Não se trata, entretanto, de identificar certas características do rosto e estabelecer um julgamento racional de caráter – à maneira de pesquisadores como John Lavater (1772-1880), que detalhou a relação entre traços faciais e personalidade, dizendo, por exemplo, que "quanto mais próximas dos olhos as sobrancelhas, mais diligente, profundo e firme, o caráter." Trata-se sim do fato de ser praticamente impossível nos impedirmos de julgar a personalidade a partir de traços faciais. Ao fim e ao cabo, nosso inconsciente assume o controle e julga com base em quantidades irrisórias de informação.

É interessante pensar por que nos inclinamos ainda mais a fazer isso quando o quesito é "confiabilidade", em comparação a outras características de personalidade. Segundo os pesquisadores, trata-se de um processo diretamente ligado ao mecanismo fundamental da evolução, para o qual uma das respostas mais importantes, quando se conhece alguém, reside em descobrir se podemos confiar nessa pessoa ou não. Em essência, é preciso saber se estamos lidando com um amigo ou inimigo. Em determinadas circunstâncias, a sobrevivência de indivíduos deve ter dependido disso e também do processo de julgar com rapidez a confiabilidade e a intenção do outro. Estudos feitos a partir de imagens do cérebro mostram que esse julgamento da confiabilidade é um processo espontâneo e automático, ligado à atividade da amígdala, uma das partes mais primitivas do cérebro humano.

Os pesquisadores vão mais adiante e especulam que um décimo de segundo pode ser mais que o tempo necessário para esses julgamentos inconscientes. Essas avaliações talvez aconteçam ainda mais rápido. Há estudos que parecem demonstrar que a categorização de objetos ocorre simultaneamente à sua detecção. Em outras palavras, assim que nos damos conta de que há algo ali, já sabemos do que se trata. Conforme Willis e Todorov, "pode ser que, assim que vejamos um rosto, já saibamos se podemos ou não confiar nele."

Portanto, como ler um rosto em um décimo de segundo? Talvez a questão adequada seja na verdade "Como nos impedirmos de tentar ler um rosto em um décimo de segundo?" Nossa mente leva a cabo esses julgamentos rápidos, intuitivos e inconscientes de forma imediata, sem qualquer auxílio de nossa consciência.

Que tipo de informação nos traços faciais de alguém pode ser um indicador acurado e válido de competência ou confiabilidade? Certamente nenhum. Entretanto, nossos processos inconscientes não funcionam assim. Por isso, para ler as pessoas de forma precisa, não é necessário fazer o cérebro trabalhar mais rápido, mas sim conseguir desacelerá-lo.

Os resultados do estudo de Willis e Todorov são certamente alarmantes em muitos sentidos. Eles sugerem que, após a menor das interações, já formamos uma opinião sobre outras pessoas. Na verdade, a expressão "formar uma opinião" parece absolutamente inadequada ao contexto, pois os processos envolvidos são tão rápidos que sequer chegam à consciência.

A consequência dessas conclusões para interações sociais subsequentes é bastante assustadora. Afinal de contas, os seres humanos normalmente apreciam encontrar provas que confirmem seus julgamentos originais, ao invés de evidências que os contradigam. Uma vez estabelecida uma opinião de desconfiança ou incompetência para com alguém, o que você estaria disposto a fazer – consciente ou, de forma mais provável, inconscientemente – para se certificar dessa avaliação?

Não obstante, vejo um problema de base nesse estudo e em outros semelhantes. A metodologia apresentava fotos de rostos com expressões neutras para controlar os estímulos a que os participantes foram submetidos.

Na vida real, entretanto, quando conhecemos estranhos, recebemos um conjunto complexo de mensagens de suas feições faciais: expressões, movimentos corporais, distância interpessoal, tom de voz, padrões de fala e micromovimentos. De que maneira combinamos toda essa informação em um décimo de segundo para moldar um julgamento duradouro e preciso a respeito de características de personalidade?

No mundo real, talvez o processo não seja tão rápido e cego quanto sugere a pesquisa de Willis e Todorov. É possível que sejam necessários vários segundos para compilar toda essa informação e determinar se estamos diante de um amigo ou de um inimigo, confiável ou não, agressivo ou passivo, competente ou incapaz. Ou pode ser que algumas pessoas processem apenas a informação facial e desconsiderem o resto.

- Não é possível fazer um julgamento preciso sobre alguém em um décimo de segundo, com base em sua aparência, mesmo que seu inconsciente diga que sim.
- Para ler alguém de forma mais precisa com base em primeiras impressões, tente conscientemente desacelerar seu cérebro.
- O problema com os julgamentos instantâneos reside em nossa tendência a buscar evidências que confirmem essa opinião inicial, ao invés de novas informações que possam testá-la ou refutá-la.
- Outras pessoas podem, sem dúvida, estar julgando você rapidamente, com base em sua aparência.
- Pense com cuidado sobre sua aparência e se pergunte que mensagens outras pessoas podem receber com base nela.

É algo plausível. Afinal de contas, certa vez vi esse processo acontecer nas escuras ruas de Sheffield. E o azar foi meu.

COMO ENCONTRAR O PAR PERFEITO

Ninguém pode negar que, em algum momento, já parou para pensar sobre como encontrar o par perfeito. Como achá-lo?

Vemos a toda hora casais conectados, que parecem feitos um para o outro, envoltos numa aura de bem-aventurança e de tanta felicidade que chega a irritar. Como chegaram a isso?

A principal dica para encontrar o par perfeito reside em começar essa busca com a mente aberta em relação àquilo que se deseja. As características que afirmamos buscar em alguém antes de um encontro nem sempre são as mesmas que usamos como parâmetros quando de fato encontramos um parceiro em potencial.

Conversar longamente com os amigos sobre aquilo que se procura só piora as coisas. Sentimo-nos ainda mais limitados porque, de certa forma, fizemos um compromisso público em relação a essas qualidades. Por isso, se alguém pergunta com que tipo de homem ou mulher você gostaria de sair, simplesmente responda: "Não sei, vamos ver." Essa é uma afirmação mais precisa do ponto de vista psicológico.

Uma pesquisa sobre namoros foi feita por Robert Kurzban, da Universidade da Pennsylvania, e Jason Weeden, da Universidade do Estado do Arizona, que estudaram o processo de seleção de pares para uma amostra de 10 mil participantes de um site de encontros na Internet.

Os cientistas analisaram a relação entre as preferências especificadas nos perfis e as escolhas de fato levadas a cabo em encontros-relâmpago de três minutos com parceiros em potencial. Foi analisada uma amostra de indivíduos bem-educados, com renda relativamente alta, dos quais cerca de um terço não tinha filiação religiosa.

As qualidades especificadas por homens e mulheres para parceiros em potencial foram significativamente diferentes. Enquanto eles tendem a se concentrar em certos tipos físicos e exibem claras preferências etárias – em essência, buscam mulheres jovens e magras –, elas procuram homens mais velhos, ricos e altos.

A frequência com que as mulheres determinaram uma renda anual mínima foi cinco vezes maior que aquela encontrada entre os homens, e elas também se mostraram muito mais restritivas em relação à altura do parceiro. Houve ainda uma clara delimitação de preferências em relação à origem racial ou étnica e, de forma menos frequente, à filiação religiosa e à existência de casamentos anteriores ou filhos.

Dessa forma, poder-se-ia dizer que as pessoas têm uma ideia bastante clara em relação a que tipo de parceiro procuram. A grande questão é saber se essas preferências conscientes desempenham de fato um papel relevante, de maneira a podermos predizer as escolhas dos indivíduos numa sessão de encontros-relâmpago. É de se imaginar que essas qualidades propaladas tenham alguma importância. Afinal de contas, essas pessoas devem, para começar, ter refletido bastante antes de preencherem seus perfis; é provável que muitas delas tenham discutido animadamente com os amigos sobre que características ressaltar. Sem dúvida, devemos saber o que queremos quando se trata de encontrar um par.

Os resultados da análise, entretanto, demonstram, de forma conclusiva, que os perfis, nas palavras dos pesquisadores, "tiveram limitado ou mesmo nulo valor preditivo no que diz respeito às características dos parceiros que foram de fato escolhidos (...) exceto em relação à raça."

Em outras palavras, uma vez no encontro-relâmpago, todas essas preferências anteriormente afirmadas parecem ceder lugar a algo mais básico, intuitivo e em grande medida inconsciente.

Portanto, como encontrar o par perfeito?

Não limite suas escolhas de antemão, mantenha a mente aberta e deixe que seus instintos inconscientes tomem a decisão por você.

O mais impressionante nessa pesquisa é o tamanho da amostra e a natureza absolutamente contra-intuitiva das conclusões. A atração é evidentemente um processo complexo, mas a maioria de nós imaginaria que as características ideais que projetamos em relação a um parceiro em potencial teriam algum grau de influência em nossas escolhas de fato. Segundo esse estudo, elas não têm nenhum. Será que realmente conhecemos nossa própria mente? Os resultados sugerem que não.

- Para encontrar o par perfeito, mantenha a mente aberta em relação àquilo que procura.
- Não discuta com seus amigos o que você busca; isso só serve para limitar suas escolhas.
- Prepare-se para se surpreender com suas escolhas de fato.

COMO RIR DE MANEIRA MAIS EFICAZ

Uma amiga minha tinha a risada mais irritante que já ouvi. E ela acreditava que seu riso era sua qualidade mais cativante, divertida e sensual – um chiado aspirado que lembrava um cachorro sem fôlego depois de uma longa corrida.

Era algo que sempre chamava a atenção, além de ser relativamente previsível em termos dos estímulos que a ocasionavam. Quando havia um homem atraente por perto e ela se sentia ignorada, o riso sem fôlego começava. Boa parte dos presentes se virava, incluindo o sujeito bonito, e isso só reforçava seu comportamento. Sempre achei que ela deveria repensar sua forma de rir.

A verdade é que cada risada é diferente; algumas soam atraentes para o sexo oposto, outras, obviamente não.

Isso deveria surpreender? Bem, há uma linha de pensamento – poderíamos chamá-la de "linha equivocada" – que afirma serem iguais todas as risadas. Há quem diga que rir é sinal de emoções boas – independentemente do som emitido – e que por isso qualquer risada deveria ter um impacto emocional positivo sobre quem a escuta.

Segundo Jo-Anne Bachorowski, da Universidade Vanderbilt, e Michael Owen, da Universidade Cornell, nem todas as risadas se assemelham; algumas de fato reverberam de maneira positiva sobre as pessoas, enquanto outras têm resultado oposto.

Bachorowski e Owen classificam as risadas entre vocalizadas – quando o ar faz vibrar as cordas vocais – e não vocalizadas. Um grande número delas foi gravado durante sessões de comédias; destas, selecionou-se uma amostra que foi reproduzida a um conjunto de participantes a que se pedia que qualificasse seu interesse em conhecer aquelas pessoas conforme as seguintes categorias:

Definitivamente interessado
Interessado
Sem interesse
Definitivamente sem interesse

Foi também solicitado aos participantes que avaliassem sua resposta emocional a cada risada. O estudo demonstra que os risos vocalizados despertaram muito mais interesse, enquanto os donos de risadas aspiradas ou com som de ronco suscitaram pouco desejo entre os sujeitos do estudo em conhecê-los.

A pesquisa mostra ainda que os risos vocalizados produzem uma resposta emocional mais positiva que aqueles não vocalizados. As risadas vocalizadas de mulheres tiveram as melhores avaliações entre todas. O estudo conclui que os efeitos sociais do riso dependem, em larga medida, de suas características específicas. Risadas vocalizadas, por sua sonoridade musical, têm um impacto muito mais positivo que roncos não vocalizados, risos aspirados ou na forma de grunhidos.

Para rir de forma socialmente mais eficaz e de uma maneira que desperte o interesse das pessoas, vocalize seu riso e imprima a ele uma qualidade mais musical. Ainda que se trate de um processo essencialmente inconsciente, é possível mudar o padrão de nosso riso escutando outras pessoas e a partir de algum treinamento.

É claro que, se quisermos ser meticulosos em relação à pesquisa, poderíamos nos perguntar se diferentes tipos de risadas não seriam adequados a contextos distintos. Seria certamente interessante tentar determinar o impacto relativo de cada categoria de riso em situações sociais diversas.

É possível que risadas não vocalizadas tenham retorno positivo em alguns contextos? É de se presumir que roncos, risos aspirados e grunhidos tenham de fato relevância funcional em certas situações. Os pesquisadores, entretanto, não sugerem que contextos poderiam ser esses, e eu acho difícil imaginar qualquer lugar onde gostaria de ouvir o riso de cachorro da minha velha amiga.

- Nem todas as risadas são iguais; algumas delas têm efeito altamente positivo sobre as pessoas, enquanto outras não.
- Ria de forma mais eficaz, vocalizando o riso e tornando-o mais musical.
- O riso vocalizado soa muito mais amistoso e sensual.
- Se você é mulher, evite a todo custo uma risada aspirada (a menos que realmente não consiga evitar).

COMO SE TORNAR UMA PESSOA MAIS CULTA

Venho de uma família trabalhadora que felizmente dava enorme importância à educação. A escola pode ter tido êxito ao me apresentar a Dickens, Chekhov e Tolstoi, mas as aulas de música não despertavam meu interesse e me deixavam desconfortável. Os próprios nomes dos instrumentos – trompa, oboé, viola – ainda hoje me deixam meio ansioso. Em casa, ouvíamos Jim Reeves, Andy Williams e Engelbert Humperdinck, mas era só.

Muitos anos depois de deixar Belfast, eu participava do programa *Nightwaves*, na Rádio 3 (a casa da música clássica), esperando para ser entrevistado a respeito de um livro, que escrevera sobre a vida de boxeadores, intitulado *On the Ropes: Boxing as a Way of Life*. A outra convidada era Valentine Cunningham, professora de inglês em Oxford, que faria uma crítica dele.

Sentados no estúdio, aguardávamos o início, quando a música do programa anterior começou a diminuir de volume até desaparecer. O entrevistador, de cujo nome não me lembro, entrou apressado no estúdio com uma pilha desorganizada de papéis sob o braço, se dirigiu a mim e perguntou educadamente:

– Que música é essa? Uma peça de Shostakovich talvez?

A professora olhou para mim. Sorri de volta, mas senti uma leve náusea se formando em meu estômago. O tique-taque do relógio na parede do estúdio preenchia o silêncio amortecido da sala acusticamente isolada. Limpei a garganta de forma lenta e deliberada. Eu sabia que não se tratava de Jim Reeves e também tinha quase certeza de que aquele não era um dos números acústicos antigos de Engelbert Humperdinck, mas meu conhecimento terminava aí. Apesar disso, eu tinha que dizer algo; o silêncio o demandava. Por fim, meus lábios se movimentaram:

– Acho que é uma peça antiga de Shostakovich – eu disse, quebrando o silêncio com uma ênfase singular na palavra "antiga".

O entrevistado me encarou por mais alguns instantes com certa perplexidade.

– Tem toda razão – disse ele. – É realmente uma peça antiga de Shostakovich. Muito bom. Muita gente teria dito tratar-se de obra mais tardia sua – eu mesmo pensei isso –, mas você notou bem.

A professora Cunningham me ofereceu um sorriso benigno e amistoso. A entrevista começara bem.

Eu adoraria conhecer, entender e apreciar a música clássica. Mas como conseguir isso? Alguns amigos já me propuseram uma solução óbvia: "Vá a uma loja, compre algo, ponha para tocar e escute. Fácil assim. Você acabará gostando." Não obstante, segundo as mais recentes pesquisas psicológicas, talvez não seja tão simples assim (acho que sempre me dei conta disso).

Ao que parece, ouvir música clássica repetidamente, de forma a se familiarizar e desenvolver um elo emocional com ela, pode não ser suficiente para passar a amá-la. Os estudos sugerem que a exposição reiterada à música evocativa polariza nossas respostas, isto é, torna essas reações mais extremadas.

Um experimento conduzido por Charlotte Witvliet, do Hope College, e Scott Vrana, da Virginia Commonwealth University, reproduziu peças de música instrumental para um grupo de voluntários determinado número de vezes. Dos participantes, solicitava-se que avaliassem o quão prazerosa era a música após cada repetição. Os pesquisadores colheram ainda um conjunto de parâmetros fisiológicos, incluindo frequência cardíaca, assim como respostas não verbais de comportamento, como sorrisos.

Uma das conclusões foi a de que a maior familiaridade com a música não necessariamente levava as pessoas a gostarem mais dela. Diferentemente, descobriu-se que a repetição amplificava a resposta inicial. Quando as pessoas gostavam da música em sua primeira reprodução, quanto mais a ouviam, mais a apreciavam. Se, por outro lado, a reação inicial fora negativa, quanto mais a música era tocada, mais desgostavam dela.

Em outras palavras, não é possível amar toda música clássica simplesmente pela reiterada audição. A repetição da música não apenas afetou o julgamento psicológico, mas também o comportamento e a resposta fisiológica básica. Os sujeitos da pesquisa sorriram mais com a repetição das músicas que haviam apreciado desde o início e suas frequências cardíacas subiram.

Dessa forma, se quiser se tornar uma pessoa culta, desenvolvendo um gosto genuíno pela música clássica, encontre peças que o agradem desde a primeira vez e ouça-as sempre.

Com certeza, a situação estritamente experimental em jogo, destituída de qualquer sentido social, é uma das limitações de um estudo assim. O que aconteceria se a repetição de uma peça clássica de que não se gosta acontecesse num contexto social agradável, como um encontro familiar? Seria possível ter respostas mais positivas a músicas de que originalmente não se gostasse, através de processos associativos como esse? Eis uma questão que merece ser explorada.

- A familiaridade não leva necessariamente a conexões emocionais positivas, em particular se tratando de música.
- Para se tornar mais "culto", encontre peças de música clássica de que tenha gostado desde a primeira vez e ouça-as repetidas vezes.
- Não ouça sempre uma música clássica que não tenha originalmente apreciado; você não acabará gostando dela; possivelmente, só irá odiá-la ainda mais.

CAPÍTULO 2
JULGANDO OS OUTROS
Como saber se uma história é verdadeira ou falsa

Entendemos melhor o próximo que a nós mesmos,
e as suas ações, mais que às nossas.
Aristóteles, *Ética a Nicômaco*, século 4 a.C.

É possível detectar a veracidade de uma história a partir de certos detalhes que denunciam fraudes. O tempo dos verbos empregados e a presença ou não das emoções dos personagens envolvidos são, por vezes, as pistas críticas.

Quando alguém relata um evento, supostamente ocorrido no passado, fique atento ao tempo dos verbos. O uso do presente, em geral, indica uma farsa, enquanto a fala no tempo passado sugere que a história deve ser verdadeira:

PRESENTE	PASSADO
Estou caminhando	Eu caminhava
Eu caminho	Eu caminhei
Estou conversando	Eu conversava

Observe também a existência de marcas de hesitação, os sons singulares que emitimos quando conversamos, como "ãs" e "hums". Eles são sinais de atividade mental intensificada e, portanto, mais comuns em relatos verdadeiros.

Histórias inventadas ou contadas para impressionar tendem a aparecer no presente e contêm muitas descrições das emoções dos personagens. Seus relatos costumam ser mais fluidos e com menos marcas de hesitação que nas histórias reais, pois contar um evento de forma precisa exige mais atividade mental.

Ao que parece, quando alguém conta algo que se passou em sua vida, tenta, em geral, ser bastante detalhista. Mas nem sempre esse é o principal objetivo. Quando se quer entreter, cativar e manter interessado um interlocutor, é comum ser bem mais flexível com os fatos, de forma a que a história resulte divertida. Se o propósito é impressionar, normalmente haverá mudanças em detalhes críticos dos relatos, em geral, distorcendo a verdade para um resultado melhor.

Mas como diferenciar uma história genuína de um relato exagerado com o objetivo de chamar a atenção?

Nicole Dudukovic e seus colegas Elizabeth Marsh e Barbara Tversky, da Universidade de Stanford, abordaram o problema pedindo a voluntários que recontassem uma história sobre a vida caótica de um balconista de bar, a qual fora solicitado antes que fosse lida. Em alguns casos, determinava-se que o relato fosse feito da forma mais precisa possível, em outros, de maneira divertida e cativante. Resumindo, interessava aos pesquisadores entender a forma pela qual se transmite uma história, tendo em vista objetivos essencialmente distintos. Os relatos foram analisados, utilizando-se o Programa para Investigação Linguística e Contagem de Palavras, que as contabiliza conforme diferentes categorias de linguagem, emocionais e cognitivas.

O estudo revelou que os relatos que tinham como objetivo divertir e prender o interesse continham uma porcentagem maior de verbos no presente do que aqueles que tinham em vista a fidelidade ao original. Por exemplo:

"Ele *começa* a servir os martínis" – (relato para divertir)

ao invés de

"Ele *começou* a servir os martínis" – (relato preciso)

Os relatos voltados a entreter traziam uma proporção maior de palavras denotando o estado emocional dos personagens do que aqueles que se propunham a ser acurados. Por exemplo:

"Ele saiu porque estava bravo" – (relato para divertir)

ao invés de

"Ele saiu depressa"– (relato preciso)

Os relatos divertidos também continham mais indicadores de dúvida – palavras e expressões como "talvez", "pode ser que" e "acho que", como na frase "Acho que ele está um pouco surpreso na hora em que isso acontece."

De outro lado, o foco na fidelidade das histórias gera uma maior ocorrência de marcas de hesitação, como "hums" e "ãs", que são reflexos de níveis mais elevados de atividade mental – ou dificuldade cognitiva –, demonstrando que a tentativa de ser preciso é uma tarefa mental muito mais complexa que a de contar uma história interessante, exigindo tempo para vasculhar de forma acurada as memórias armazenadas.

Assim, da próxima vez que alguém estiver lhe contando passagens de sua vida e que você quiser saber se o relato é preciso ou deliberadamente exagerado com a intenção de diverti-lo e entretê-lo, coloque-se as seguintes perguntas:

- O relato é fluente (há poucos "hums" e "ãs")?
- Há muitas palavras denotando emoções?
- Os verbos aparecem no presente?
- Há muitas palavras e expressões que indicam dúvida?

Nas palavras de Dudukovic e colegas, "Esses são todos artifícios linguísticos destinados a prender a atenção do leitor. Por isso, suavize o que é dito. Desfrute da história, mas aceite que a intenção é mais entreter e divertir do que contar o que realmente ocorreu."

Não surpreende, é claro, que as pessoas assumam uma perspectiva diferente numa história quando o objetivo é entreter alguém. A opção pelo tempo presente e por rechear de emoções o relato são um convite para que o interlocutor entre na narração. Em outras palavras, pode ser preciso exagerar, imaginando os sentimentos dos personagens, para tornar a história mais interessante. Apesar de todo esse trabalho extra para conectar quem ouve à narrativa, parece muito mais difícil fazer o oposto, isto é, um relato tão acurado quanto possível, razão para todos os "hums" e "ãs", quando este é o objetivo em jogo.

A pesquisa não nos fornece indicações claras para o problema bem mais comum de um interlocutor que é fiel à realidade em determinado momento e divertido logo em seguida. O tempo do verbo começaria a mudar? Se isso ocorresse, nos daríamos conta? Haveria um efeito de contágio quando os verbos começassem em determinado tempo? Se o relato é a princípio divertido – e, portanto, no tempo presente –, quando o foco passa para a fidelidade, os verbos continuarão nesse tempo? O mesmo vale para as palavras emocionais. Uma vez que se tenha começado a enfatizar os sentimentos das pessoas, é fácil mudar e passar a ignorá-los? São questões muito mais complicadas para as quais ainda não temos respostas. Enquanto isso, esse estudo nos fornece ao menos uma noção dos sinais a que devemos ficar atentos.

- Relatos de eventos pretéritos com verbos no presente têm maior probabilidade de serem falsos do que relatos com verbos no passado.
- Relatos de eventos pretéritos que contêm muitos "hums" e "ãs" têm maior probabilidade de serem verdadeiros que relatos mais fluidos.
- Relatos de eventos pretéritos com muitos indicadores de emoções têm maior probabilidade de serem falsos.
- É comum que as pessoas exagerem suas histórias com o intuito de divertir; não seja duro demais com elas.

COMO SABER ATRAVÉS DO RISO SE ALGUÉM ESTÁ INTERESSADO EM VOCÊ

Descobrir, durante uma conversa, se uma pessoa se sente fisicamente atraída por você, pode ser difícil em meio à confusão de sinais verbais e de linguagem corporal. Por isso, é importante aprender a focar sua atenção nos indicadores mais relevantes.

Concentre-se com cuidado no comportamento da pessoa quando ela ri. O riso é uma expressão facilmente observável. Apesar de sua ambiguidade inata – rimos de alguém, mas também com alguém –, ele carrega sempre consigo um conjunto de signos corporais altamente reveladores que servem para eliminar qualquer duplicidade de sentido.

Esses sinais são diferentes para cada sexo. Mulheres sexualmente interessadas em um homem tendem a abrir mais os braços e as pernas durante o riso do que aquelas que não possuem nenhum interesse sexual. Os homens, por sua vez, quando atraídos por uma mulher, inclinam mais a cabeça e se projetam para frente. Assim, da próxima vez que flertar com alguém, fique atento àquilo que ele ou ela faz quando ri, buscando esses indicadores específicos.

A ciência que embasa essas afirmações parte da suposição de que o riso é um sinal social complexo e ambíguo. Em situações distintas – por vezes, na mesma situação em momentos diferentes –, ele assume significados muito variados, que vão da agressividade à sedução. Trata-se também de um indicador crucial nos jogos amorosos e de uma forma de expressão que envolve ansiedade, nervosismo – para muitas pessoas – e boa dose de divertimento. Portanto, como determinar seu sentido durante um flerte?

Muito já se escreveu a respeito de rituais de corte entre homens e mulheres. Boa parte da comunicação do interesse sexual se dá de forma sutil, por meio de sinais silenciosos, e não através da expressão verbal explícita, o que seria algo como: "Estou gostando muito de você nesse momento... na verdade, mais ainda agora... oh!... e continua aumentando." Por não ser explícito, qualquer convite não verbal pode ser retirado em dado momento sem representar uma afronta.

É possível que, em situações em que há uma competição com outros machos, os homens usem sinais não verbais instantâneos e rápidos, no intuito de que suas sinalizações sejam captadas primeiro, e que tendam, com frequência, a marcar presença de forma exagerada.

As fêmeas, de outro lado, por seu desejo de atrair interesse de forma não explícita, empregam sinais não verbais mais sutis. Segundo Karl Grammer, isso se dá através "do uso de sinais mesclados, que misturam atração e desinteresse, como num sorriso tímido."

Grammer se concentra nesses sinais por considerar o riso especialmente interessante, tendo em vista ser difícil não notá-lo e, ao mesmo tempo, por tratar-se de algo com extremo potencial de ambiguidade. Num contexto sexual, seu sentido pode ir do alto interesse ("Ele me fez rir até cair na cama") ao escárnio total ("Você quer que eu saia com você? Rárá! Procure alguém do seu nível").

Em uma análise de primeiros encontros entre estudantes, Grammer filmou e analisou cada risada e movimento corporal específico que os acompanhava. Foi ainda solicitado aos participantes da pesquisa que qualificassem seu interesse no interlocutor e também o quão atraente o considerava.

O que revelou esse estudo em torno da linguagem não tão silenciosa do riso?

Ele mostrou que as mulheres riram muito mais que os homens durante as conversas e – algo que talvez não surpreenda – que abriram muito menos suas pernas. O mais interessante, entretanto, foi o comportamento não verbal quando havia interesse na outra pessoa.

Grammer descobriu que uma mulher muito interessada em seu interlocutor "em geral virava e inclinava a cabeça na direção oposta à do homem. Ela pendia para trás e girava o tronco, afastando-se dele. Seus braços se abriam, isto é, formavam um claro ângulo em relação ao corpo, e ela se tocava, geralmente na região entre a cintura e o queixo, as pernas abertas em um ângulo visível."

Os homens interessados, quando a mulher se vira na direção oposta, "inclinam-se para a frente e dobram o tronco em direção à fêmea. Ele levanta os cotovelos – os braços num ângulo de quase 90 graus em relação ao corpo – e coloca as mãos atrás do pescoço. Ao mesmo tempo, segura os braços pelos pulsos ou pelas palmas das mãos apoiadas na cabeça; as mãos tocam os braços e as pernas ficam cruzadas, mas abertas."

Grammer detalhou essa descrição minuciosa para todas as possíveis combinações de interesse ou não entre duas pessoas. Foram as seguintes suas conclusões gerais: quanto mais aberta a postura da mulher – braços e pernas abertos versus braços ou pernas abertos –, maior seu interesse no homem (mas somente quando a mulher era observada); o mesmo não vale para os homens – não se verificou um efeito aditivo simples para a abertura corporal nesse caso; mulheres se mexem mais durante o riso – fizeram de cinco a seis movimentos, contra quatro em média dos homens; em outras palavras, elas sinalizam de forma muito mais ativa durante o riso; para os homens, os dois movimentos que, de forma mais fiel, refletem alto interesse são a inclinação da cabeça e a do tronco para a frente; abaixar a cabeça é um sinal geralmente associado à submissão, algo que pode ser a forma masculina de dizer que se está preparado para desempenhar um papel menos dominante durante o flerte, tendo em vista o interesse sexual na fêmea; a inclinação do tronco para a frente parece ser um indicador confiável de atração sexual de um modo geral.

Assim, da próxima vez que ouvir risos num bar ou restaurante, fique atento à movimentação corporal da pessoa. É ela, e não o riso em si, o elemento crucial. Os homens devem observar nas mulheres a abertura dos braços e das pernas, sobretudo dos dois juntos. Mulheres têm que procurar nos rapazes pela inclinação da cabeça e pelo tronco pendendo para a frente – são esses, aparentemente, os sinais comprovados da genuína atração física durante o jogo do acasalamento.

Esse é um estudo interessante e detalhado por oferecer mais que anedotas e exemplos. Sua principal limitação, entretanto, reside no foco exclusivo sobre pares que se encontram pela primeira vez. Ele não nos diz nada, portanto, sobre as mudanças nesses sinais de interesse sexual ao longo de múltiplos encontros e à medida que a relação se torna mais íntima. Esses indicadores seguiriam sendo os mais importantes?

Por identificar o riso como uma das principais vias para se conhecer alguém e apontar as pistas a se buscar, o mais interessante do estudo de Grammer é fornecer um caminho prático àqueles que tentam decodificar os sinais do interesse físico – a menos que você se deixe levar pela piada.

- O riso é um sinal social muito importante durante o flerte.
- Não é necessariamente o riso, entretanto, o sinal mais revelador, mas sim as atitudes não verbais que o acompanham.
- As atitudes não verbais ajudam a eliminar a ambiguidade do riso.
- Quando se sentem atraídas por alguém, as mulheres tendem a abrir mais os braços e as pernas ao rirem.
- Se acham uma mulher interessante, os homens tendem a inclinar a cabeça (um sinal de submissão) e a projetar o tronco para a frente durante o riso.

COMO DISTINGUIR SORRISOS FALSOS E GENUÍNOS

Sorrisos genuínos são sinais de sentimentos positivos. Sorrisos falsos são a máscara mais comum usada no cotidiano para encobrir estados emocionais reais, com frequência negativos.

Há um conjunto de diferenças específicas que permite separar um sorriso genuíno daquele que camufla outros sentimentos. No primeiro caso, os olhos também se incorporam à expressão, enquanto um sorriso falso envolve apenas a boca. Sorrisos verdadeiros são mais simétricos e surgem e desaparecem do rosto de forma mais gradual. A maneira mais simples de descobrir é observar essa velocidade com que o sorriso se desfaz – a rapidez nesse caso é um indicador quase certo de fingimento.

Como usamos sorrisos falsos para encobrir nossos reais estados emocionais, para descobrir o que alguém realmente sente, preste atenção à brevíssima expressão de emoção revelada quando o sorriso desaparece do rosto. Esse sinal diz tudo o que se precisa saber em relação aos sentimentos verdadeiros da pessoa.

A fisiologia das expressões emocionais nos fornece a base para essas sugestões. Os sorrisos são sinais sociais altamente eficazes. Sorrimos para estabelecer laços com outras pessoas e para criar uma impressão favorável naqueles que nos cercam. Sorrisos genuínos, que refletem emoções positivas, e sorrisos falsos, que encobrem sentimentos negativos, podem ser diferenciados de várias formas.

Essas distinções foram descritas, pela primeira vez, pelo anatomista francês Duchenne de Boulogne (1862), que demonstrou a forma pela qual sorrisos genuínos englobam o músculo facial ao redor dos olhos – os orbiculares –, enquanto os sorrisos fingidos ativam apenas o músculo ao redor da boca – o zigomático maior.

Paul Ekman e Wallace Friesen (1982) concordam com a classificação básica de Duchenne e vão mais além, detalhando as diferenças entre os dois tipos de sorrisos nos seguintes termos: nos sorrisos genuínos, os músculos erguem as bochechas, empurrando a pele em direção aos olhos, estreitando-os e enrugando-os nos cantos. Nos sorrisos falsos, em contrapartida os músculos puxam os lábios de forma oblíqua para cima e para trás, aprofundando as linhas de expressão entre as narinas e os cantos da boca. Sorrisos genuínos foram apelidados de sorrisos de Duchenne em homenagem ao trabalho do grande anatomista francês.

Sorrisos falsos aparecem com frequência em nossas interações sociais cotidianas. É possível observar isso de forma mais clara numa gravação em vídeo, de forma a se poderem rever as expressões.

Fiz uma análise da frequência relativa de sorrisos fingidos e genuínos no início da temporada 2002 do Big Brother britânico, no qual fui o psicólogo residente. Na chegada dos participantes, plenos de excitação e antecipação para saudar seus companheiros de casa, com quem conviveriam por vários meses, demonstrei que dois terços de todos os sorrisos eram fingidos. Eles eram usados, nesse caso, para disfarçar o nervosismo e a insegurança, bem como a resposta emocional mais imediata aos novos colegas. A maneira mais simples para identificar (ou ler) as verdadeiras emoções negativas eram as microexpressões breves que surgiam quando os sorrisos desapareciam – algo extremamente esclarecedor.

Importa que tipo de sorriso você usa nas interações sociais cotidianas? Todos eles podem parecer sinais sociais agradáveis, mas possuem o mesmo impacto? Foi essa a questão examinada por Marc Mehu, Anthony Little e Robin Dunbar (2007). Um conjunto de rostos masculinos e femininos, exibindo sorrisos de Duchenne e sorrisos falsos, foi mostrado a um grupo de voluntários. Cada participante avaliou-os segundo dez quesitos:

"Atratividade"
"Generosidade"
"Confiabilidade"
"Competitividade"
"Saúde"
"Simpatia"
"Sensatez"
"Extroversão"
"Grau de neurose"
"Abertura a experiências"

A análise demonstrou que o tipo de sorriso tem um impacto significativo no julgamento social, sobretudo em relação a extroversão e generosidade. Um dos resultados mais surpreendentes, entretanto, é o de que a avaliação da confiabilidade não foi afetada – sorrisos fingidos não fizeram com que os sujeitos das fotos fossem qualificados como menos confiáveis. Dessa forma, sorrisos verdadeiros e falsos não têm consequências distintas nesse quesito, mas possuem, sim, um impacto em relação aos julgamentos sociais realizados.

Quem exibe sorrisos genuínos é visto como mais generoso e extrovertido – em outras palavras, como alguém mais sociável, de maneira geral.

A pesquisa também evidencia ser difícil não retribuir um sorriso. Mais ainda, sorrisos verdadeiros tendem a estimular uma resposta semelhante. Os sorrisos afetam também nosso estado emocional, fazendo com que nos sintamos bem, motivo pelo qual gostamos de pessoas com sorrisos naturais e verdadeiros.

É evidente que somos mais receptivos a sorrisos genuínos, mas os resultados desse estudo de Mehu e colegas soam um tanto inconclusivos. Afinal, é intuitivo pensar que alguém que, com frequência, ostenta sorrisos fingidos seria taxado como indigno de confiança. A pesquisa, no entanto, não permitia aos participantes observarem o uso recorrente de sorrisos falsos. Os rostos foram avaliados após uma única exposição e com base em fotografias, não em vídeos, nas quais as características dinâmicas completas dos sorrisos se tornariam evidentes. Por isso, também não puderam ser considerados a formação e o desaparecimento abruptos, que são geralmente o sinal mais evidente do sorriso fingido. Se o experimento fosse repetido com a utilização de gravações em vídeo, quem sabe se concluísse que sorrisos falsos, de fato, afetam nossos julgamentos sobre confiabilidade, bem como outras avaliações sociais.

- Sorrisos genuínos, expressando emoções positivas, englobam os músculos ao redor dos olhos; sorrisos fingidos não envolvem esses músculos.
- Sorrisos genuínos são mais simétricos no rosto do que aqueles falsos.

- Sorrisos genuínos se formam e desaparecem gradualmente; sorrisos falsos surgem e acabam de forma muito abrupta.
- Sorrisos fingidos servem para disfarçar emoções negativas; para enxergar sob a máscara, observe as microexpressões do rosto logo após o desaparecimento do sorriso.
- Pessoas com sorrisos genuínos são vistas como mais sociáveis e divertidas.
- É difícil não retribuir um sorriso genuíno; e nos sentimos bem quando o fazemos.
- O estado emocional interior é afetado pelo nosso comportamento externo não verbal; por isso, nos sentimos mais alegres quando sorrimos (mesmo que esse sorriso seja uma resposta ao sorriso de alguém).

COMO INTERPRETAR O TOQUE

Devo confessar que não sou uma pessoa muito afeita ao contato físico, exceto com pessoas mais próximas, das quais aprecio a proximidade demasiada, segundo meus envergonhados filhos, que insisto em beijar em público. Não tenho problema com apertos de mão e beijos no rosto com colegas – tão apreciados pelas celebridades e na Europa continental; em outras palavras, sinto-me tranquilo em relação aos toques corriqueiros dos primeiros encontros.

Não fico à vontade, entretanto, quando alguém me dá tapinhas no ombro de uma maneira mais espontânea, acaricia meu braço de forma amorosa ou, pior, quando um colega de trabalho me dá um abraço de urso – "Que prazer te encontrar!" – dizem eles; e eu, duro como um boneco de cera, congelado, as mãos estupidamente suspensas ao lado do corpo, enquanto o sujeito acaricia minhas costas, esperando que eu corresponda.

É exatamente assim que um alto produtor executivo de televisão que conheço cumprimenta todas as pessoas numa primeira noite de gravação, antes de iniciarmos os trabalhos. Espero interminavelmente pela minha vez – trata-se de uma gravação importante –, observando com cuidado a forma pela qual cada um posiciona as mãos. De maneira inevitável, entretanto, a vergonha me domina e eu fico lá, simplesmente esperando que aquilo acabe. Não sei se ele consegue sentir meu desconforto emocional – deve ser difícil que não o perceba–, mas talvez pense que está me interpretando de forma equivocada. Afinal, sou um psicólogo, devo estar acostumado a abraços.

Qual é o meu problema? É da intimidade humana básica que tenho medo? É do controle da intimidade (visto que a pessoa que me toca claramente exerce uma forma de controle)? Ou trata-se de algo relacionado à ambiguidade do toque como sinal social? Ele seria aberto demais a múltiplos significados, a interpretações errôneas, confuso em excesso para pessoas como eu? O contato físico envia, de fato, alguma informação sobre nossos estados emocionais? Podemos realmente aprender a interpretá-lo, sintonizando-nos com ele? Sabemos que as expressões faciais, por exemplo, podem conter dados importantes em relação a sentimentos, e também que há similaridades transculturais imutáveis e inatas na forma pela qual as expressões faciais transmitem informação emocional. Mas e quanto ao toque? Como ele de fato funciona?

Os humanos se tocam com frequência. O contato físico é uma forma de comunicação absolutamente central para nós. O tato é o sentido mais desenvolvido quando do nascimento. Ele é usado de forma ampla por outros primatas em uma variedade de funções. Mas com que eficácia? Que tipos de emoção são mais bem comunicados pelo toque? É possível aprender a interpretar diferentes mensagens emocionais a partir da maneira pela qual alguém nos toca?

Matthew Hertenstein e seus colegas da Universidade DePauw conduziram uma série de estudos em que pediam aos participantes, de forma deliberada e consciente, que tentassem comunicar um conjunto de sentimentos através do toque, incluindo as seis emoções básicas que sabemos poderem ser transmitidas de forma segura pelas expressões faciais:

Raiva	Medo	Alegria
Tristeza	Nojo	Surpresa

Havia ainda três emoções pró-sociais ligadas à cooperação e ao altruísmo:

Amor	Gratidão	Simpatia

E também três emoções autocentradas:

Vergonha	Orgulho	Inveja

Os pesquisadores pediam à pessoa que fazia o contato físico (o remetente), que pensasse como queria comunicar cada emoção em particular e então que tocasse o braço nu do outro participante (o destinatário), "entre o cotovelo e o pulso, de forma a sinalizar cada emoção, utilizando qualquer forma de toque que considerasse apropriada." Os dois voluntários estavam separados por uma cortina escura. O destinatário não tinha consciência do sexo do remetente, não enxergava o próprio braço, nem via a pessoa que exercia o toque. Ao participante que havia sido tocado, era então entregue um formulário com treze opções básicas:

"Raiva"
"Nojo"
"Medo"
"Alegria"
"Tristeza"

"Surpresa"
"Simpatia"
"Vergonha"
"Amor"
"Inveja"
"Orgulho"
"Gratidão"
"Nenhuma das respostas acima"

A análise inicial mostrou que o sexo dos remetentes e destinatários não afetou a capacidade de enviar ou receber informação a partir do toque. Mais ainda, de forma contrária àquilo que normalmente se verifica na comunicação de emoções, as mulheres não se mostraram significativamente melhores nem na transmissão nem na leitura de informações por meio dessa forma de contato físico.

Segundo os pesquisadores, as emoções transmitidas de forma mais confiável através do toque foram o nojo (com 63% de acertos), seguido por raiva e simpatia (57%), gratidão (55%) e, finalmente, medo e amor (51%). Alegria e surpresa (duas das emoções básicas), junto com vergonha, inveja e orgulho (as três emoções autocentradas) não puderam ser transmitidos de forma segura através do contato físico.

Os cientistas também filmaram todos os tipos de toque e descobriram que cada uma das emoções estava associada a diferentes padrões de movimento.

EMOÇÃO	MOVIMENTO ASSOCIADO
Nojo	Empurrar Levantar Bater de leve

EMOÇÃO	MOVIMENTO ASSOCIADO
Raiva	Bater Apertar Chacoalhar
Simpatia	Afagar Acariciar Esfregar
Gratidão	Balançar Levantar Apertar
Amor	Acariciar Entrelaçar os dedos Esfregar
Medo	Tremor Apertar Balançar
Tristeza	Acariciar Espremer Levantar

Alguns desses padrões foram bastante similares. Raiva e medo, por exemplo, tiveram dois elementos em comum – "chacoalhar" e "espremer"–, diferindo apenas pela presença de "bater" para a raiva, ao invés de "balançar", que aparece em medo. Houve um número elevado de casos em que tristeza foi erroneamente interpretada como simpatia. A duração média do sinal de raiva foi de 4,5 segundos, enquanto os gestos de medo tenderam a se estender mais, chegando a 6,5 segundos. O toque mais prolongado foi o do amor, com 9,5 segundos, e o mais curto, o do nojo, com 3,8.

Intuitivamente, tudo isso parece fazer algum sentido. Quando sinalizamos amor, dizemos que queremos ficar com alguém. Quando sentimos nojo, desejamos nos afastar o mais rápido possível do objeto que o produz.

A emoção associada aos gestos mais intensos foi a raiva, com 54,5% de movimentos de forte intensidade, seguida pelo medo, com 40,1%. O sentimento ligado aos toques mais suaves foi a tristeza, para a qual 18% dos gestos envolviam um toque sutil.

O estudo parece demonstrar, dessa forma, que podemos comunicar diferentes tipos de estados emocionais por meio do toque. Ele também sugere que o contato físico transmite muito mais que simplesmente o caráter positivo ou negativo dos sentimentos de alguém. A precisão na transmissão e recepção de informação emocional através do toque é bastante semelhante àquela mensurada para expressões faciais, sugerindo ser este um canal de comunicação adequado para funcionar como intenso sinalizador emocional.

É comum pensar no contato físico como uma via ambígua de comunicação, mas esse estudo sugere que a soma do tipo de movimento e de sua duração e intensidade permite interpretações confiáveis do estado emocional que alguém deseja transmitir. No que diz respeito às emoções básicas, é possível comunicar raiva, medo, nojo e tristeza por meio do toque, mas a alegria e a surpresa são bem mais difíceis de passar adiante. Emoções pró-sociais, como amor, gratidão e simpatia, também podem ser transmitidas de forma clara, enquanto emoções autocentradas, como vergonha, inveja e gratidão, revelam-se problemáticas.

Essa pesquisa traz novidades em relação às possibilidades comunicativas do toque, mas também tem limitações. Só foram consideradas pessoas que tentavam intencionalmente comunicar certas emoções. Não faziam parte do escopo demonstrações espontâneas de sentimentos, no momento em que emergiam. Em estudos similares de expressões faciais, a comunicação intencional levou a exageros na demonstração. Será que os estados emocionais teriam sido transmitidos de forma tão clara se não houvesse a intenção de comunicar?

Além disso, no experimento, os participantes receberam uma lista de emoções possíveis. Dessa forma, quando confrontados com a necessidade de identificar amor, por exemplo, simplesmente precisavam distingui-lo das outras alternativas existentes, como simpatia, que também envolvia gestos como acariciar e esfregar. Evidentemente, entretanto, não precisavam diferenciá-lo de "desejo" ou "atração sexual". Em outras palavras, se as perguntas fossem mais abertas, os resultados poderiam possivelmente ser outros. Pode ser, portanto, que o toque não seja um sinal assim tão confiável.

Questões relevantes. Talvez seja por isso que algumas pessoas, incluindo eu mesmo, prefiram evitá-lo a todo custo em muitas situações.

- O toque pode comunicar algumas emoções básicas quando é usado conscientemente para enviar mensagens emocionais.
- O sexo de quem toca ou é tocado não afeta a capacidade para enviar ou receber informações por meio do contato físico.
- Algumas emoções básicas (nojo, raiva, medo, tristeza) podem ser muito bem transmitidas pelo toque quando ele é conscientemente utilizado para enviar uma mensagem emocional.
- Algumas emoções básicas (como alegria e surpresa) não podem ser claramente transmitidas via toque, mesmo que de forma consciente.
- Emoções autocentradas (como vergonha, orgulho e inveja) não são claramente transmitidas através do toque.

COMO UTILIZAR OS INSTINTOS

A maneira mais eficaz para usar os instintos é lembrar-se de algo singelo: tendemos a confiar mais nos instintos quando nos sentimos bem do que quando estamos tristes – situação em que mais comumente tomamos decisões de forma racional e lenta.

Em outras palavras, nunca pense que seguir seu instinto é sempre melhor que decidir de forma ponderada e deliberada simplesmente porque parece "certo" – sempre parecerá "certo" quando estamos de bom humor. Quando nos sentimos felizes, a tendência a julgar algo com base em reflexos e nada mais é muito maior. Se estamos tristes, pesamos de forma mais cuidadosa os prós e contras de cada opção e avaliamos os fatos de forma mais lenta e ponderada.

Numa situação de bom humor, uma pessoa forçada a refletir devagar apreciará menos o resultado de sua decisão do que numa escolha feita de forma instintiva. O mesmo vale para a situação oposta: uma pessoa triste, forçada a decidir rápida e instintivamente, avaliará de forma menos positiva os desdobramentos.

É uma tendência preocupante, pois nosso humor é afetado por inúmeros fatores que podem não ter qualquer conexão com a decisão em si – aquilo que comemos no café da manhã, algo dito pelo companheiro ou companheira, um problema no computador.

Como, então, tomar as melhores decisões utilizando nossos instintos? Devemos estar atentos ao fato de que somos naturalmente influenciados por nosso estado de espírito. Assim, quando for decidir algo, atente para seu humor e lembre-se de que sua estratégia de decisão deve ser determinada sobretudo pelo problema que tem diante de si, e não por suas emoções de fundo. Sem essa consciência de seu estado psicológico, as escolhas podem ser feitas com base numa estratégia equivocada, levando a conclusões errôneas.

De Vries e seus colegas da Universidade Radboud, em Nijmegen, na Holanda, perguntaram-se o que ocorre se rompemos essa conexão entre estado de espírito e estratégia decisória. Como se sentiriam as pessoas em relação às escolhas que fazem?

No experimento, o humor dos voluntários foi deliberadamente direcionado, e foi solicitado que assistissem a filmes alegres ou tristes. Em seguida, os participantes tinham que escolher entre dois objetos de forma deliberada ("pense nos prós e contras, use seu tempo") ou rapidamente ("com base em sua sensação imediata, indique o que prefere"). Depois, pedia-se a eles que mensurassem o valor atribuído ao objeto.

O resultado mostrou que, quando o estado de espírito combinava com a estratégia decisória, o valor estimado era significativamente mais alto do que quando o humor não se encaixava com a forma de escolha. Ou seja, quando estamos bem-humorados e fazemos uma escolha instintiva ou, quando tristes, escolhemos de maneira lenta e cuidadosa, pesando prós e contras, atribuímos um valor mais elevado ao objeto escolhido.

Portanto, o grau de congruência entre nosso estado de espírito e o tipo de processo de decisão usado afeta a forma como avaliamos o desdobramento de todo o processo.

Trata-se de uma tendência preocupante, em alguns sentidos, que mostra não apenas haver uma relação entre o estado psicológico e o tipo de decisões que fazemos, mas que, se somos forçados a desrespeitar essa conexão, isso afeta o que pensamos em relação aos resultados dessa escolha.

A principal deficiência desse estudo é o uso de apenas uma situação, isto é, a escolha entre diferentes objetos. Seria certamente muito útil saber se esse resultado é mais abrangente ou pode ser generalizado.

- Nosso estado de espírito afeta o tipo de estratégia decisória que preferimos usar.
- Somos mais inclinados a responder instintivamente a algo quando estamos bem-humorados.
- Quando estamos tristes, pendemos para processos decisórios mais cuidadosos, sopesando prós e contras de cada curso de ação.
- Avaliamos de forma menos positiva o resultado de uma decisão quando somos forçados a usar a estratégia decisória que não se alinha naturalmente a nosso estado de espírito.
- Fique atento a seu estado de espírito quando tiver que tomar uma decisão importante.
- Uma resposta instintiva nem sempre é a mais correta, mas podemos vê-la dessa forma, com frequência, em situações alegres.

COMO DETECTAR O EFEITO PINÓQUIO

Carlo Collodi realmente parece ter se dado conta de algo ao escrever *As aventuras de Pinóquio*. As pesquisas hoje demonstram que o nariz de fato cresce quando mentimos de forma deliberada.

O mecanismo se baseia na bioquímica cerebral. Quando mentimos, compostos químicos chamados catecolaminas são liberados no cérebro, causando um espessamento dos tecidos nasais e um aumento da pressão sanguínea que, por sua vez, infla o nariz levemente e, mais importante, causa um formigamento nas terminações nervosas nasais. O ligeiro incremento no tamanho do nariz só é detectado com equipamentos científicos, mas o comportamento manifesto é muito mais óbvio.

Quando mentem, é comum que as pessoas cocem o nariz de forma ávida – ainda que haja outras pistas comportamentais mais confiáveis, como veremos. A razão para tanto é tentar aliviar o formigamento produzido pelo inchaço do tecido nasal. Assim, da próxima vez que alguém coçar com força o nariz durante uma conversa, fique atento e pense "Pinóquio".

- O tecido nasal pode inchar quando mentimos, como resultado da liberação de catecolaminas no cérebro.
- Por vezes, coçar o nariz, de forma a aliviar a sensação de formigamento, pode ser um indicador de impostura.
- O "Efeito Pinóquio" é, na melhor das hipóteses, um indicador extremamente sutil e não deve ser levado tão a sério (exceto talvez para se divertir).

COMO LER A MENTE

É possível ler a mente de alguém, observando os movimentos espontâneos que a pessoa faz quando conversa. Esses gestos são inconscientemente gerados e não se encontram sob o mesmo tipo de controle que a fala. Por isso, podem propiciar revelações genuínas sobre o pensamento de alguém.

Se o seu parceiro lhe diz, por exemplo, o quanto se sente próximo de você, observe a distância entre suas mãos. Se a pessoa está espontaneamente gesticulando, quase com certeza usará uma das mãos para representar a si e a outra a você. "Nos damos tão bem" – atente para os movimentos. "Somos feitos um para o outro. Me sinto realmente próximo de você"– continue acompanhando os gestos concomitantes. Aqui, o indicador crítico é a distância entre as mãos que representam cada um dos dois – quanto mais próximas, mais a intimidade do relacionamento realmente faz sentido; quanto maior a distância, menos próximo seu parceiro de fato se sente, não importa do que diga em seu discurso.

Assim, se a pessoa diz que se sente realmente próxima a você agora, mas suas mãos aparecem bem distantes, o que ela fala quase sem dúvida não condiz com a verdade, e você acaba de testemunhar uma desconexão gesto-discurso. Esse tipo específico de movimento é denominado "gesto metafórico", por ser usado para representar um conceito abstrato – nesse caso, a intimidade psicológica.

Quando notar uma desconexão como essa, concentre-se no gesto inconsciente e espontâneo, não no discurso em si. Ele revela aquilo que a pessoa realmente pensa. Não tome, entretanto, nenhuma decisão brusca sobre o futuro de uma relação, com base apenas em um sinal, ou mesmo em alguns deles em rápida sucessão. Mantenha em mente a informação contida nesses movimentos inconscientemente gerados, quando conversar a respeito da qualidade e da profundidade (ou qualquer outro aspecto) de seu relacionamento e de seu possível futuro a longo prazo (ou falecimento iminente).

- Gestos espontâneos das mãos são essencialmente inconscientes e podem, por isso, representar uma janela para a mente humana.

- Tente notar quando esses movimentos não casam com o discurso que os acompanha; essas desconexões gesto-discurso podem ser bastante reveladoras.
- As mãos mentem muito menos que a fala.

COMO INTERPRETAR A LINGUAGEM DOS PÉS

Um grande número de psicólogos sugere que os pés são um dos canais mais reveladores de comunicação não verbal. Eles falam muito sobre a personalidade, a relação do indivíduo com seu interlocutor e podem mesmo indicar as emoções e o estado psicológico subjacentes.

Uma das razões para tanto é que os pés são a parte do corpo de que menos nos damos conta. Em outras palavras, conhecemos bem nossas expressões faciais – sei, por exemplo, que sorrio levemente enquanto escrevo isto. Sabemos que nossas mãos estão se movendo – mesmo que não nos demos conta das complexas imagens que elas desenham. Com frequência, entretanto, não fazemos ideia daquilo que acontece com nossos pés: se estão se movendo ou não e de que maneira específica.

Os movimentos dos pés foram detalhadamente pesquisados há trinta anos por Susan Frances, então pesquisadora da Universidade de Chicago. Ela estudou muitas formas de comportamento não verbal, incluindo os movimentos dos pés de pessoas que acabavam de se conhecer. Um dos resultados mostra que homens e mulheres movimentam os pés de forma diferente em resposta a situações sociais. Foram feitas inúmeras mensurações, incluindo o tempo de movimentação, a duração média dos movimentos e a duração dos movimentos mais longos. Enquanto para os homens todas essas medidas diminuíram à medida que se familiarizavam mais com dada situação, para as mulheres, elas aumentaram.

Os homens, portanto, quando têm que conversar pela primeira vez com alguém, demonstram ansiedade e nervosismo nos movimentos dos pés. Eles manejam aquelas áreas de comportamento não verbal sobre as quais têm mais controle, como a expressão facial, mas, por terem menos consciência dos pés, permitem que eles expressem sua insegurança.

As mulheres, por outro lado, inibem, a princípio, seus movimentos, a despeito dessa neurobiologia que nos torna menos conscientes de nossos pés. Somente após se sentirem mais confortáveis numa situação, elas permitem que eles "descarreguem energia nervosa acumulada por meio da atividade corporal."

Há quarenta anos, Paul Ekman, um dos principais pesquisadores americanos da psicologia da mentira, sugeriu que o movimento dos pés poderia, potencialmente, ser um indicador da ansiedade associada ao ato de mentir, com base no fato de que é, por vezes, difícil controlá-los.

Desde então, entretanto, numerosos estudos sugeriram o oposto. Assim como os gestos manuais, o movimento dos pés na verdade diminui quando mentimos, pois tentamos inconscientemente controlar qualquer parte do corpo que possa refletir nervosismo ou ansiedade nessas situações. Parece haver um abafamento geral das expressões.

Aldert Vrij e Gün Semin analisaram crenças a respeito de indicadores comportamentais em diversas amostras de pessoas comuns e de grupos profissionais que se pensava pudessem ter habilidades singulares e experiência nessa área: policiais, carcereiros e agentes alfandegários. Também se incluiu uma amostra de presidiários no estudo. Os psicólogos supunham que eles talvez pudessem se mostrar especialmente aptos a contar mentiras e a detectá-las.

Assim como em análises anteriores, a pesquisa mostrou que profissionais e pessoas comuns associavam a mentira a uma intensificação de movimentos corporais, incluindo aqueles dos pés. De forma interessante, os prisioneiros tiveram as maiores taxas de acerto entre todos os grupos. Agentes alfandegários e investigadores ficaram na lanterna, perdendo até mesmo para o grupo de estudantes.

Para detectar, através da linguagem dos pés, se alguém está mentindo, observe sua movimentação e atente para o que ocorre na fase crítica, buscando sinais de inibição expressiva.

O problema da relação entre comportamento corporal, incluindo o movimento das pernas e a personalidade, foi examinado em detalhe por Robert Gifford, da Universidade de Victoria, na Colúmbia Britânica, Canadá. Ele utilizou um conjunto de diferentes atributos de personalidade – dominância, afetuosidade, extroversão e arrogância – e analisou a maneira pela qual uma ampla gama de comportamentos se conectava a eles, incluindo orientação e acenos da cabeça, manipulação de objetos, inclinação das pernas e seus movimentos.

Entre as conclusões interessantes, parece haver um conjunto significativo de relações entre movimentos das pernas e personalidade: extroversão e introversão são os principais fatores que influenciam esses movimentos.

Pessoas extrovertidas são, em essência, criaturas sociais que precisam da companhia de outros para se sentir bem, enquanto os introvertidos preferem ficar sozinhos. Indivíduos introvertidos demonstraram uma frequência muito mais elevada de movimentos nas pernas do que os extrovertidos –, mas os extrovertidos indiferentes apresentaram as frequências mais altas de todos.

O segundo grupo de personalidade com baixa frequência nesses movimentos foi o dos dominadores ambiciosos. Os extrovertidos gregários também têm baixos níveis de movimentos por se sentirem muito confortáveis com a interação e por não verem necessidade de controlar ou inibir esses pequenos gestos corporais. Já o grupo dos dominantes ambiciosos apresentou frequências diminutas por razões bem diferentes: são pessoas que gostam de dominar a conversa, e parte dessa estratégia de controle passa por limitar os sinais que emitem. Eles inibem o movimento dos pés por transmitirem demasiada informação enquanto tentam assumir o controle da situação.

O papel de sinais não verbais no flerte, incluindo o movimento dos pés e das pernas, foi estudado, conforme já mencionado, por

Karl Grammer, do Instituto Max Planck, na Alemanha. Ele analisou os comportamentos não verbais que acompanham o riso entre casais que estão se conhecendo. O foco no riso se justifica pelo fato de que, com frequência, o tomamos como um indicador positivo de aceitação, quando, na verdade, nem sempre isso se mostra verdadeiro, conforme vimos anteriormente. Trata-se de um indicador altamente ambíguo, com um amplo escopo de significados, que vão do intenso interesse à extrema repulsa (e ao escárnio).

Grammer argumenta que não é o riso em si o indicador mais potente, mas sim os comportamentos que o acompanham. Dessa forma, ele filmou um amplo conjunto de casais que acabavam de se conhecer e analisou seu comportamento, pedindo que classificassem seu interesse sexual pela outra pessoa.

Para as mulheres, o sinal mais óbvio e seguro, enquanto riam, de que se sentiam sexualmente atraídas eram as pernas abertas, bem como os pés se afastando do interlocutor. Sem dúvida, para elas, quanto mais aberta a postura – pernas e braços abertos–, mais interesse sexual existe.

Para os homens, não funciona assim. Eles demonstram interesse sexual por meio de dois sinais, nenhum dos quais envolve os pés: a inclinação da cabeça – que normalmente é um indicador de submissão – e o tronco pendendo para a frente. É quase como se os homens se dispusessem, quando existe forte interesse sexual, a se apresentar de maneira submissa para conquistar a afeição feminina.

Por seu potencial altamente revelador, a linguagem silenciosa dos pés é um tema fascinante. Eles podem exibir nossas ansiedades mais profundas, e aprendemos, provavelmente desde cedo, quando mentimos, a inibir suas mensagens denunciadoras.

Curiosamente, tanto estudantes universitários quanto pessoas tarimbadas na detecção de mentiras buscam um aumento na frequência do movimento dos pés, como indicador consistente de imposturas. Na verdade, deveriam procurar o oposto.

Os movimentos dos pés também parecem se conectar a traços de personalidade. Indivíduos extrovertidos e dominadores por razões bem diferentes – exibem menos movimentos dos pés em situações de interação. No que diz respeito ao sexo, esses movimentos parecem ser especialmente importantes para as mulheres. Pés e pernas, de formas sutis, denunciam o interesse sexual por um macho. Os pés fazem tudo isso de forma inconsciente e quase imperceptível durante as interações da vida cotidiana.

- De forma geral, temos pouca consciência em relação a nossos pés durante interações sociais.
- Tendemos a inibir os movimentos dos pés quando mentimos.
- Homens demonstram nervosismo através do movimento dos pés quando acabam de conhecer alguém.
- Mulheres tendem a usar o movimento dos pés para extravasarem energia acumulada depois de se familiarizarem com alguém.
- Os movimentos dos pés são também afetados por traços de personalidade.
- Pessoas introvertidas movimentam os pés mais que indivíduos extrovertidos.
- Pessoas dominadoras movimentam menos os pés durante conversas que indivíduos menos dominadores.

CAPÍTULO 3
ESTADOS DE ESPÍRITO: ALTOS E BAIXOS

O segredo da vida consiste em recusar qualquer emoção que não seja conveniente.
Oscar Wilde, *Uma mulher sem importância*, 1893

COMO CURAR O MAU HUMOR

Minha mãe tinha uma tendência para o mau humor. Era difícil removê-la desse estado de espírito. Meu pai morrera com pouco mais de cinquenta anos, deixando-a viúva aos quarenta. "Como você quer que eu me sinta?", ela dizia, racionalizando sua atitude. Não estava ao seu alcance nenhum tipo de mecanismo ou estratégia que pudesse mudar seu estado de espírito. Um ar pesado, que podia durar dias, pairava sobre a pequena e claustrofóbica casa de nossa família.

Quando se encontram em um estado de espírito negativo, as pessoas tendem, de forma natural e instintiva, a utilizar uma variedade de estratégias para mudá-lo – em geral, expedientes já usados no passado, muitas vezes sem a devida reflexão ou análise. Segundo as mais recentes pesquisas psicológicas, entretanto, a maioria dessas táticas simplesmente não funciona.

Enquanto certas pessoas decidem sair e fazer algo, outras preferem ficar em casa e não fazer nada. Alguns tentam essencialmente se distrair, outros, redirecionar os pensamentos. As motivações de várias dessas estratégias, bastante simples e diretas, são compreensíveis: "sair para beber", "fazer sexo" ou mesmo "ir às compras" são todas atividades que propiciam distração. Mas isso realmente ajuda a mudar um estado de espírito? Tentamos todo tipo de expediente para curar o mau humor, sobretudo atividades de que normalmente já gostamos. O problema, entretanto, é que a maioria das pessoas não avalia aquilo que realmente funciona nesses casos.

O que de fato cura um mau humor? As melhores estratégias trabalham simultaneamente corpo e mente, induzindo-nos a relaxar e ajudando a reduzir o estresse, mas também fazendo com que nos coloquemos do lado de fora e reflitamos de maneira renovada sobre a situação, colocando em perspectiva nossos sentimentos. É, portanto, bastante simples. Basta encontrar um tipo de comportamento que nos permita fazer tudo isso ao mesmo tempo.

Uma pesquisa conduzida por Robert Thayer, Robert Newman e Tracey McClain, da Universidade do Estado da Califórnia, identificou 35 ações distintas, classificadas em seis grupos, comumente empregadas para sair de estados negativos de espírito:

Manipulação ativa do humor
- Técnicas variadas de relaxamento
- Atividades de controle do estresse
- Colocar em perspectiva os sentimentos
- Avaliar ou analisar a situação
- Exercícios físicos
- Banhar-se
- Molhar-se
- Controlar os pensamentos
- Fazer sexo
- Rir/fazer piada
- Autogratificação

Recolhimento/afastamento
- Tentar ficar sozinho
- Evitar algo ou alguém
- Atividade emocional, como chorar ou gritar

Categoria	Estratégias
Procurar atividades agradáveis e distração	Lançar-se a outras atividades agradáveis Rir/fazer piada (novamente) Dedicar-se a um hobby Ouvir música Mudar de lugar Evitar algo ou alguém Controlar os pensamentos
Manipulação passiva do humor	Ver TV Tomar café Comer Descansar Cochilar ou dormir Fazer compras
Apoio social, arejamento e gratificação	Ligar para um amigo Conversar ou estar com alguém Atividade emocional, como chorar ou gritar Fumar Comer Evitar algo ou alguém
Redução direta de tensão	Usar drogas, incluindo álcool, fumo ou café Fazer sexo (que claramente se encaixa em várias das categorias)

Essas seis categorias se diferenciam de várias maneiras críticas. A manipulação ativa do humor é uma tentativa de controlar o mau humor, incluindo, entre outras estratégias, atitudes para reduzir a tensão por meio de comportamentos relaxantes e técnicas de diminuição do estresse. Essa categoria também busca intensificar os níveis de energia através, por exemplo, de exercícios físicos; de maneira importante, estão englobadas aqui ainda ações destinadas a mudar padrões de pensamento – por exemplo, tentando contextualizar sentimentos ou avaliando e analisando a situação.

Procurar atividades agradáveis e distração significa envolver-se em atos que distanciem a pessoa do estado de espírito negativo, enquanto a manipulação passiva do humor engloba processos menos ativos, como ver televisão, tomar café e comer. "Fazer compras" talvez fosse considerado o único comportamento não passivo nesse grupo, pois poderia parecer um processo mais ativo. Thayer adverte, entretanto, que isso é ilusório: "O agrupamento dos itens sugere uma observação importante em relação à natureza passiva assumida para o ato de fazer compras. O agrupamento fatorial indica que sua motivação é a mesma que subjaz às ações de assistir TV, descansar ou comer."

A categoria de apoio social, arejamento e gratificação se relaciona a tentativas de obter apoio social, mas pode representar também um mecanismo para o extravasamento de energias e renovação de emoções.

A redução direta de tensão se preocupa apenas em lidar com a tensão inerente ao mau humor. Recolhimento/afastamento implica ficar sozinho, evitar outras pessoas e chorar ou gritar nessa situação.

Thayer e seus colegas analisaram cada uma dessas técnicas, pedindo aos participantes que avaliassem a eficácia de todas as estratégias. A manipulação ativa do humor revelou-se o grupo mais eficiente de técnicas. Os homens tenderam a utilizá-lo com mais frequência que as mulheres. De forma interessante, profissionais de nível superior do sexo feminino nessa amostra lançaram mão dessa estratégia mais que qualquer outro grupo – pessoas com nível superior, em geral, tenderam a usar essa estratégia mais que outros grupos ocupacionais ou sociais.

O segundo conjunto mais eficaz de comportamentos foi procurar atividades agradáveis e distração – igualmente mais utilizado pelos homens e por profissionais de nível superior. A estratégia de menor sucesso, conforme as avaliações, foi a redução direta de tensão (uso de drogas, álcool ou sexo para escapar do mau humor). Pessoas do sexo masculino recorreram mais a essas técnicas, mas elas foram avaliadas como 50% menos eficazes que a manipulação ativa do humor.

A análise mostra haver diferenças gritantes nas estratégias empregadas por homens e mulheres para elevar o estado de espírito. Há uma maior tendência entre elas a gritar, chorar, comer, fazer compras ou falar com alguém, de forma a se sentir melhor. Os homens se envolvem mais intensamente com seus hobbies, riem ou fazem piadas, buscam o sexo e tentam controlar seus pensamentos. Entre profissionais de nível superior, há uma tendência ao uso do riso e de piadas e também à procura pelo sexo – poucos indivíduos entre estes usaram unicamente o choro ou gritos como estratégia. Entre os extrovertidos, há mais pessoas que vão às compras, enquanto os introvertidos tendem a buscar a solidão.

Os pesquisadores também pediram a uma amostra de psicoterapeutas que avaliasse as estratégias de mudança de humor usadas pelas pessoas no cotidiano. Eles concluíram que manipulação ativa do humor e procurar atividades agradáveis e distração eram as duas estratégias mais eficazes, enquanto a redução direta de tensão seria a menos produtiva, refletindo portanto, de maneira próxima, os resultados dos próprios voluntários.

Os cientistas também analisaram comportamentos individuais em cada uma das seis categorias, de forma a determinar que atitude específica seria a mais eficaz para curar o mau humor. A conclusão afirma que essa atividade é o exercício físico, seguido por ouvir música – algo de certa forma contra-intuitivo, pois se poderia pensar que conversar com amigos funcionaria melhor.

Buscar o isolamento ou a solidão não funciona quando estamos de mau humor, assim como tentar evitar a pessoa ou o objeto responsável por nosso estado de espírito. Comer e ver televisão não são igualmente opções adequadas. Dessa forma, da próxima vez que um humor negativo o afetar, se quiser fazer algo para combatê-lo, pegue seu MP3 e saia para correr.

Não obstante, o que sempre surpreende em um estudo assim é a variedade de respostas escolhidas pelas pessoas diante do mesmo evento psicológico – nesse caso, o mau humor. A análise sugere que certas atitudes funcionam para combatê-lo, enquanto outras não – o que não impede que sejam adotadas.

A resposta é provavelmente bastante simples. O exercício físico é eficaz porque produz endorfinas, que propiciam um "barato" natural, que pode ser repetido na frequência desejada, por não ter os mesmos efeitos biológicos prejudiciais das drogas. Além disso, o exercício não apenas nos propicia uma sensação interior benigna, mas também eleva nossa autoestima pela sensação de conquista. A necessidade de focar a mente é uma boa maneira de redirecionar nossos pensamentos, afastando-os dos motivos que nos levaram ao estado de espírito negativo.

A música, por sua vez, também se mostra eficaz porque, se selecionada com cuidado, pode invocar memórias positivas, privilegiando lembranças alegres.

O maior problema com a pesquisa de Thayer é perguntar aos participantes o grau relativo de sucesso dos comportamentos que de fato usam no cotidiano. Há sempre a possibilidade de que outras atitudes pudessem ser ainda mais eficazes, se eles as tivessem usado. E se o exercício físico não for uma resposta adequada para você, a despeito do quanto insista?

A deficiência de um estudo assim é a de chegar a uma média de efetividade de diferentes técnicas para melhorar o humor. Devem existir tendências significativas, dentro desse quadro mais amplo, ligadas a diferenças de personalidade. Enquanto isso, entretanto, fique com os exercícios – eles são o que melhor funciona para a maioria das pessoas.

É essa a estratégia que uso. É claro que, se sugerisse à minha mãe que fosse correr para melhorar seu estado de espírito, ela acharia que eu enlouquecera. Minha compulsão por corridas, que começou quando eu tinha cerca de 13 anos, era um problema entre nós, a causa de muitas discussões. Sua crença básica era a de que "suar desse jeito não pode ser uma coisa boa; não é natural" – ela dizia –, "nada natural, veja quanto suor."

Eu discordava de forma veemente, é claro. Era, para mim, algo extremamente natural, enraizado em nosso passado evolutivo, e que, algumas vezes, me deixava quase num estado alterado de consciência. Ela tinha suas maneiras para relaxar e se alegrar: sentar-se com uma de suas amigas em frente à lareira para "fumar um tiquinho e tomar um traguinho" – assim o descrevia.

Fumar e beber são comportamentos de limitada utilidade psicológica que podem matar, o que acaba sendo um pouco mais deprimente. Convencer certas pessoas a adotar o hábito de correr, entretanto, pode ser uma questão complicada.

- Para tentar curar o mau humor, muitas pessoas usam estratégias que simplesmente não funcionam.
- As mulheres têm uma tendência maior a chorar ou gritar para se sentirem melhor; também, com frequência, resolvem comer, ir às compras ou conversar com uma amiga.
- Os homens têm maior probabilidade de se entregar a um hobby, rir ou fazer piadas, fazer sexo ou simplesmente tentar controlar seus pensamentos.
- Para curar de forma eficaz o mau humor, é preciso relaxar e encarar o problema de outra perspectiva.
- Para curar o mau humor, exercite-se ou ouça música; ambas as estratégias funcionam bem.

COMO SE MANTER ALEGRE

Segundo pesquisas americanas – e o fato de serem feitas nos EUA pode ser importante para os resultados gerais –, o melhor caminho para se manter alegre é nunca desistir de seus sonhos. Continue sempre imaginando a vida cada vez melhor. De forma consciente e deliberada, visualize a si mesmo no futuro com tudo dando certo. Reserve 20 minutos, busque um canto tranquilo e reflita dedicadamente sobre isso. Pense em todas as coisas boas que ainda deseja na vida e sobre como tudo pode ainda melhorar. Isso ajuda a clarear prioridades, motivações e valores. Mais ainda, canalizamos, dessa forma, pensamentos e emoções em direções específicas, formando uma proteção contra emoções negativas e mantendo-nos num estado de espírito mais positivo.

Os psicólogos têm feito, nos últimos anos, um amplo número de recomendações em relação a como melhorar nosso estado de espírito e nos mantermos mais alegres. Algumas dessas atividades podem ser realizadas todos os dias: listar os dons que temos, fazer pequenas gentilezas para outras pessoas, sonhar alto e concentrar-se em objetivos pessoais.

Kennon Sheldon, da Universidade do Missouri em Colúmbia, e Sonja Lyubomirsky, da Universidade da Califórnia, selecionaram dois exercícios mentais que viam como bastante promissores nesse sentido: expressar gratidão e visualizar-se da melhor forma que pudesse.

Os pesquisadores atribuíam essa possível eficácia ao ato de expressar gratidão, por envolver um conjunto de processos psicológicos distintos. Em primeiro lugar, agradecer pelo que se tem, possivelmente, leva a que apreciemos e desfrutemos das experiências cotidianas positivas. Segundo, ao fazê-lo, evitamos considerar como perenes muitas das boas coisas que temos. Terceiro, ao expressar gratidão para os outros construímos laços sociais. E, finalmente, trata-se também de uma atitude que inibe sentimentos de inveja, amargura ou cobiça.

O segundo exercício mental estudado pedia aos participantes que, conscientemente, visualizassem e descrevessem seu "melhor eu possível". A razão para a provável eficácia dessa técnica, segundo os pesquisadores, seria permitir ao indivíduo "reestruturar suas prioridades e conhecer melhor suas motivações e emoções." Ela possibilitaria ainda clarear prioridades e valores.

Na técnica de expressão da gratidão, pediu-se aos voluntários que escrevessem "sobre as diversas coisas – grandes ou pequenas – da vida pelas quais agradecia, incluindo, por exemplo, relações específicas que sirvam de esteio, sacrifícios ou contribuições feitos por outras pessoas em seu benefício, vantagens e oportunidades, ou mesmo gratidão em relação à vida em si ou ao mundo em que vivemos. Em todos os casos, importa identificar aspectos anteriormente não valorizados da vida pelos quais deva se sentir grato."

No exercício do "melhor eu possível", Sheldon e Lyubomirsky pediram aos participantes que se imaginassem "num futuro onde tudo tenha dado o mais certo possível. Você trabalhou duro e conquistou todos os seus objetivos de vida. Pense nisso como uma realização de seus sonhos e de seus melhores potenciais. Identifique todos os melhores desdobramentos possíveis dos acontecimentos em sua vida, de forma a orientar suas decisões hoje."

Os dois exercícios, de fato, levaram a reduções imediatas das emoções negativas. Ambos foram eficazes, mas somente a técnica do "melhor eu possível" promoveu um aumento adicional significativo das emoções positivas. Além disso, os participantes que prosseguiram com o exercício após a sessão inicial obtiveram as mudanças mais expressivas a longo prazo. Isso não quer dizer que essas pessoas tenham se tornado progressivamente mais felizes, mas sim que suas emoções positivas não declinaram após o primeiro exercício, o que ocorreu com o restante da amostra. Nas palavras de Sheldon e Lyubomirsky, "exercícios como esses são mais um amortecedor ou fonte de resiliência do que um caminho de fato para a felicidade."

Portanto, qual a melhor maneira para nos mantermos felizes? O caminho mais eficaz é visualizar a si mesmo num futuro em que tudo tenha acontecido da melhor forma possível: você conquistou seus objetivos, teve sucesso, tudo está ótimo. Reserve vinte minutos por dia, durante uma semana, para esse exercício, e permita que ele foque sua mente e afete seu estado emocional. Isso não necessariamente o deixará mais alegre, mas impedirá seu nível de felicidade de declinar ao longo do tempo, o que já é muito significativo.

Pode parecer estranho pensar que simples e deliberados exercícios mentais afetem nosso estado emocional e, sobretudo, a maneira como somos impactados por sentimentos positivos e negativos. Mas isso acontece. Existe hoje um corpo amplo de evidências que sugerem que nossos padrões de pensamento têm enorme influência sobre o estado emocional. Isso não significa, por outro lado, negar que o inverso também ocorre: estados emocionais afetam de maneira relevante nossos pensamentos, incluindo o modo pelo qual processamos informações e nos lembramos delas.

Esse estudo mostra que exercícios simples podem, por vezes, mudar a maneira como nos sentimos. Emoções negativas e positivas foram avaliadas separadamente, evidenciando que as duas técnicas reduziram os sentimentos ruins, mas que apenas uma delas – a da visualização – intensificou emoções boas. É estranho, aliás, não pensar em emoções positivas e negativas simplesmente como polos de um mesmo contínuo. Por vezes, determinada intervenção, como nesse caso, pode afetar apenas uma dessas categorias sem atingir a outra. O exercício também sustenta os níveis de felicidade a longo prazo, agindo como amortecedor contra tudo aquilo que nos puxa para baixo. Um dia, quem sabe, essas técnicas se tornarão algo tão familiar quanto escovar os dentes para evitar sua deterioração. Antes de dormir, poderemos escovar os dentes e então visualizar o melhor eu possível, numa forma de rotina física e mental. As duas atividades são pensadas para evitar coisas ruins. Pode parecer uma ideia estranha, mas, quem sabe, uma ideia estranha que funcione.

- Nossos pensamentos rotineiros e comuns afetam nosso estado emocional.
- É possível trabalhar ativamente nossos pensamentos para nos tornarmos mais felizes.
- Mantenha-se feliz imaginando a si mesmo num futuro em que tudo deu certo.
- Lembre-se de agradecer por todas as dádivas de que desfruta.
- Após escovar os dentes à noite, pense sobre todas as coisas boas que aconteceram naquele dia; não se concentre nas coisas ruins; fixe suas memórias positivas e você acordará se sentindo melhor pela manhã.

COMO BUSCAR MEMÓRIAS FELIZES DA INFÂNCIA

Sempre tive dificuldade para rememorar os fatos felizes da minha infância. As memórias negativas, por outro lado, são bastante nítidas. Pode ser que minha família tenha sido especialmente triste, e que nosso balanço entre alegrias e infortúnios não seja equilibrado. Meu pai e meu irmão morreram de forma inesperada e sem que houvesse tempo para despedidas. Esses acontecimentos devem ser parte essencial dos problemas do que sobrou da família e da tristeza que minha mãe não conseguia abandonar.

Meu irmão morreu num acidente, escalando no Himalaia, pouco depois de completar trinta anos; meu pai tinha 51 quando faleceu – doze anos e meio antes do meu irmão. Ele se internara no Hospital Royal Victoria, em Belfast, para exames de rotina – ao menos foi isso que disse à família. Ele sequer nos contara que iria para o hospital até a véspera. Não queria nos preocupar. Minha mãe, meu irmão e eu o visitamos na noite antes de sua cirurgia. Em nossa última conversa, num domingo, contei a ele que um dos meus porquinhos-da-índia tinha morrido. Disse isso de forma abrupta, meio como uma piada, talvez para quebrar a tensão que sentia naquela enfermaria. Ele ficou realmente triste, sentou-se na cama com seu pijama de listras azuis e seus óculos se moveram no rosto, escorregando para a frente. Não consegui suportar.

"Não, é só uma brincadeira, pai", eu disse rindo. "Só estou brincando. Foi só uma piadinha."

Isso fazia parte, à época, de meu estranho repertório de técnicas para ajudar alguém. Eu contava uma notícia ruim inventada e então dizia que era apenas uma brincadeira, de forma a me tornar o agente de boas notícias – que eram positivas, claro, apenas por causa do falso relato negativo que as precedera. Afinal de contas, dizer a seu pai que o porquinho-da-índia ainda está vivo dificilmente seria considerado uma notícia positiva. Mas meu pai ficou muito aliviado quando lhe contei isso, satisfeito que eu não fosse perturbado por uma perda. Ele sabia do meu apego àqueles porquinhos.

Meu pai nunca mais despertou; ficou em coma durante uma semana e morreu no domingo seguinte. Todos os dias, no retorno da escola durante aquela fatídica semana, quando o ônibus fazia sua curva brusca à esquerda no entroncamento da estrada, eu olhava para minha casa – nervoso, o estômago na boca –, conferindo se as persianas estavam abaixadas.

As palavras proferidas sobre meu porquinho-da-índia albino foram as últimas que disse a meu pai.

Minha mãe gostava de conversar sobre meu pai sempre que eu estava em casa. Suas histórias invariavelmente começavam da mesma maneira: "Você se lembra?", ela perguntava. Eu concordava com a cabeça sem me comprometer, pois a verdade era que já não me recordava de muitos detalhes importantes a seu respeito, mas me envergonhava em admiti-lo. Acho que isso era uma espécie de esquecimento defensivo, um tipo de repressão para aliviar a dor. Eu ouvira as histórias muitas vezes, entretanto, e meu pai renascia nelas.

Tenho, não obstante, imagens mentais dele mais ou menos desconexas, que não compõem de fato uma pessoa completa. Recordo-me de seu sorriso (mas, nesse caso, tenho fotografias para me ajudar) e da forma pela qual seus óculos se apoiavam na ponta do nariz quando lia. Lembro-me dele esticando os braços para vestir o casaco e da maneira como enfiava o boné na cabeça. Recordo como lia o jornal e como o segurava. Curiosamente, não lembro que jornal ele lia – após sua morte, paramos de comprar jornais diários, e um vizinho nos dava exemplares nos fins de semana.

Consigo, é claro, me lembrar vividamente da noite de sua morte – nitidamente até demais – e de minha tia Agnes chateada porque ninguém viera nos levar ao hospital para vê-lo, mesmo que não me fossem permitir olhar para ele deitado sem sentidos ou sentimentos (ainda que minha mãe tenha se apegado por muito anos à ideia de que ele sabia que ela estava a seu lado, pois brincara com sua aliança).

Recordo-me, mesmo agora, da expressão no rosto de minha tia, naquela noite, e de meu tio Terence, que impediu que fôssemos ao hospital. Lembro-me da chuva e das poças no estacionamento. Lembro-me de meu pai descansando em seu caixão na sala de estar durante os dias em que "esteve em casa", e de como aparentava estar ridiculamente bem sobre aquele cetim claro e brilhante com pó facial no rosto, conforme me explicaram, sob o brilho de uma luminária cor-de-rosa.

"Essas cores trazem o melhor de seu pai", disse minha Tia Agnes quando o trouxeram. "É como se ele tivesse acabado de chegar de uma boa caminhada até o mercadinho, e dali pela Ligoniel Road, respirando ar fresco. Ele adorava esse trajeto. É um homem bonito, seu pai; sempre foi."

Minha mãe repetia que ele fora um defunto bonito porque morrera com boa saúde. "Ele fez apenas uma cirurgia e não voltou", explicava. Fazia muito sentido na época e ainda faz.

Recordo-me de certas coisas sobre meu pai, mas sua voz desapareceu na memória. Assisti, um dia desses, a um programa de TV em que um hipnotizador dizia que a memória humana funciona, de certa forma, como uma filmagem da vida, todos os eventos armazenados em uma espécie de rolo biológico, à espera de que os projetemos quantas vezes quisermos, desde que tenhamos a chave para destrancá-los.

Sempre desconfiei disso, entretanto, por mais que me esforçasse, nunca obtive nada além de fragmentos de imagens e eventos envolvendo meu pai. Lembro-me de uma tarde na Hightown Road em que eu chutava minha bola de rúgbi e do cheiro do ar, enquanto ele lia seu jornal, os óculos na ponta do nariz. Recordo-me de acertar a bola e de correr atrás dela pelo chão de saibro anguloso solto coberto por tojos amarelos cheios de espinhos. Tenho a memória da sensação das pedrinhas ásperas através da sola fina dos meus tênis e de depois tropeçar num caco de vidro que, de alguma maneira, perfurou a lateral do meu calcanhar. Meu pai teve que me carregar até o carro. Não me lembro do som de sua voz, nem de nada que falamos naquele dia. Recordo-me apenas dele lutando com meu peso e de sua respiração chiada após o esforço, pois ele às vezes tinha asma. Lembro-me de seus óculos caindo e dele me deitando na grama para apanhá-los – a armação frouxa fazia com que caíssem com frequência.

Lembro-me de cheiros dele – o odor de óleo de motor acumulado nas estradas que penetrava seus macacões antigos. Como trabalhava como mecânico na garagem de Falls Road da Belfast Corporation, seu apelido era "Semieixo". Ele lidava com motores de ônibus e rescendia ao lubrificante usado neles, mesmo em seus dias de folga. Recordo-me sempre do cheiro daqueles macacões velhos que passavam semanas sem serem lavados. Não era desagradável de forma alguma. Por muitos anos, senti prazer em levar estopas cheias de óleo ao nariz e aspirar profundamente, fazendo-o reviver. Como sabia Proust, os aromas podem ser o elemento mais evocativo quando se quer alcançar novamente algo que foi perdido.

Pouco tempo depois de sua morte, fui surpreendido por uma mulher, certa vez, cheirando um trapo oleoso na rua de casa. Ela achou que eu estava tentando ficar doidão e prometeu contá-lo à minha mãe.

"Corra para casa", disse. "Você não pode fazer isso. Essa coisa vai penetrar nos seus pulmões e te matar." Depois da sua morte, eu queria guardar as roupas do meu pai, como uma maneira de me conectar a ele, mas minha mãe deu todas para meu tio Jim, irmão dele.

Tio Jim andara bebendo no dia em que veio buscá-las. Dava para sentir o odor de álcool e ele não quis entrar em nossa casa – esperou na rua, sentindo-se envergonhado e estranho (quem sabe a timidez não fosse um traço familiar?). Ele ficou lá em pé, olhos vermelhos, esperando que uma braçada de roupas do meu pai lhe fosse entregue.

Eu queria guardar algo do meu pai. Vasculhei o armário acima da TV e encontrei sua caixa de óculos no fundo de uma cesta de vime em que minha mãe guardava suas costuras. Os óculos haviam sumido, de modo que me restava apenas aquela caixa, cuja mola estava quebrada, não fechava adequadamente, e que não tinha seu cheiro, apenas o odor de plástico velho. Eu costumava simplesmente me deitar na cama e olhá-la, tentando recuperar partes ausentes dele, mas isso não funcionava. Minhas memórias não estavam sob meu controle voluntário. Alguns elementos ressurgiam sozinhos, mas a maior parte permanecia oculta, se não perdida.

Consigo me lembrar de Colin, meu melhor amigo à época, arrastando os pés ao meu redor durante o funeral do meu pai e dizendo que sentia muito. Ele perdera o pai meses antes, de forma que isso fazia algum sentido.

Muitos de nossos pais haviam morrido – talvez seja essa a origem de meu preconceito contra o tabaco. Lembro-me de Colin falando, depois, que eu nunca o olhara nos olhos no dia do enterro. Tampouco encarei qualquer outra pessoa: simplesmente mantive meus olhos cravados no chão o tempo inteiro. Caminhei atrás do caixão sem nunca levantá-los. Não sabia o que poderia acontecer se o fizesse, mesmo que por um instante. Eu era um garoto de treze anos tentando me manter sob controle.

Não consigo me lembrar de como meu pai conversava ou ria ou chorava ou gritava ou xingava – não recordo os sons, o tom e timbre de sua voz. Vejo, entretanto, uma mulher de cabelos longos e embaraçados, uma velha alcoólatra que costumávamos atormentar, entrando em nossa casa, na noite antes do enterro, e tentando beijá--lo no caixão. Lembro-me até mesmo do jeito dela, como num filme em câmera lenta.

Eu vi o que aconteceria; dava para ler suas intenções. De início, ninguém mais pareceu se dar conta do que ela fazia ali. "Que terrível o que a bebida pode fazer com alguém", comentavam todos.

Eu sabia, entretanto, que ela gostava do meu pai; dizia que ele era um homem bom – bom demais para aquele lugar. Posso vê-la se inclinando sobre o caixão. Lembro-me de alguém gritando que não deviam deixá-la babar sobre meu pai daquele jeito – foi essa a palavra usada: "babar". Recordo-me dos sons dela – essa é a pior parte – quando tio Terence tentou agarrá-la e empurrá-la porta afora. A confusão foi horrível. Minha mãe chorava, eu e Bill, meu irmão, olhamos envergonhados um para o outro sem saber o que fazer.

Lembro-me da velha soluçando na rua, da porta grande – assim a chamávamos, embora não fosse tão volumosa – sendo fechada com estrondo, dela batendo para que a deixassem entrar de volta, e, por fim, do choro sumindo, gradualmente, à medida que ia embora. Todos na sala pararam para ouvir; conversa e lágrimas fazendo uma pausa momentânea, enquanto aguardávamos que o clamor cessasse.

Tenho também, todavia, uma outra imagem daqueles dias que nunca esmaeceu ou foi suavizada pelo tempo. Um pouco desconectada, ela figura sozinha, mas é algo que me amedrontou a vida inteira.

Na noite do enterro do meu pai, estávamos na casa da minha tia, onde foram servidos os sanduíches e o chá, pois nossa casa não era ampla o suficiente para todos os amigos e familiares. Todos estavam ali, lanchando em silêncio; os soluços, suaves e esporádicos, tornados mais graves pela memória do caixão balançando no ar rumo à sua posição definitiva – todos menos minha linda prima Myrna que, de forma inexplicável, fora trabalhar naquele dia. Ninguém explicara por quê. A vida, naquela época, parecia plena de coisas nunca adequadamente esclarecidas, ao menos para um garoto de 13 anos, como eu.

Myrna entrou bem no meio de nossa vigília. Ela pareceu se agarrar à moldura da porta sem entrar. Ficou ali, apenas encarando a todos. Posso vê-la neste momento, uma imagem gravada para sempre em minha mente, um emaciado e cinzento fantasma, já morto em seus olhos e boca.

Eu entreouvira que ela tinha uma desordem alimentar, anorexia nervosa – "doença da dieta", minha mãe a chamava. Eu não a via havia meses, enquanto a doença a consumia. Ela evitava encontrar parentes. Ali estava, entretanto, em meio ao silêncio e à tristeza. Todos olharam e ninguém disse nada, como se ela parecesse normal e saudável, apenas atrasada para o funeral.

Ela morreu de pneumonia duas semanas depois e foi enterrada na fila de túmulos oposta à do meu pai. A mãe dela, minha tia May, uma mulher doce e adorável, com uma vozinha de falsete, sempre disse que uma observação casual de um médico durante um exame de rotina detonara a anorexia – uma sugestão de que ela estava um pouco acima do peso. Daquele dia em diante, minha tia repetia, Myrna nunca mais comera direito.

Parece quase ridículo que uma desordem tão grave possa começar assim. Muito anos depois, entretanto, orientei um estudante de pós-graduação que analisou os efeitos familiares da anorexia nervosa. Um número extraordinário de entrevistados indicou uma "observação casual" semelhante como a causa de todo o processo.

A anorexia é uma desordem psicológica complexa que envolve uma interação entre fatores culturais, biológicos e de personalidade em seu desenvolvimento. As pessoas, entretanto, parecem gostar de identificar uma causa única que possa ser isolada para que se diga: "Se aquilo não tivesse acontecido..."

Esse determinante específico é algo, em geral, relativamente aleatório – de forma a permitir pensar que qualquer família normal poderia ser atingida – e externo – para que a culpa não possa ser atribuída à família: o professor de educação física que comentou que Tracy estava gorda demais para se sair bem em algum esporte, o namorado, que falou que o traseiro de Jane estava demasiadamente grande para seu jeans apertado, o médico, que sugeriu que sua paciente poderia se beneficiar da perda de algum peso. É sempre algo assim; o que me lembra um parágrafo de Friedrich Nietzsche: "Reconduzir algo desconhecido a algo conhecido alivia, tranquiliza, satisfaz e dá, além disso, um sentimento de potência. Junto com o desconhecido são dados o perigo, a inquietude, a preocupação – o primeiro instinto aponta para a supressão desses estados penosos. Primeiro Princípio: qualquer explicação é melhor do que explicação nenhuma."

Minha família, como muitas outras, encontrara uma explicação que enfatizava o poder do comentário ao acaso – e, em consequência, das perigosas possibilidades de palavras mal escolhidas por pessoas em posições de autoridade. Ninguém nunca contestou o relato de minha tia, que se tornou a verdade sobre o destino de minha bela prima.

Naquele péssimo ano da minha vida, acho que se firmou meu preconceito em relação ao excesso de peso – o meu e o de outras pessoas. Corro todos os dias para me manter em forma, algo que é uma verdadeira benção e também uma completa maldição para alguém ocupado como eu, mas que precisa correr pela Pacific Coast Highway no escuro, depois de chegar ao aeroporto de Los Angeles tarde da noite, para não perder um único dia de treino – sabendo disso, você já pode imaginar alguns dos cenários de base da minha personalidade.

Tenho outra imagem fugaz de Myrna – positiva, entretanto. Vários de nós, crianças, brincamos num campo inclinado com uma ligeira depressão no meio. É engraçado que eu me lembre desse buraco de forma tão vívida, mas nos sentávamos todos ao seu redor, jogando algo. Era uma campina cheia de flores, um brilhante tapete de reluzentes ranúnculos amarelos. Na minha lembrança vaga daquele dia, Myrna ri sentada.

Acho que me lembro do som, mas é de fato apenas um fragmento de imagem sem narrativa de fato, destituído de começo ou fim. Não sei como chegáramos àquele prado ou o que fazíamos ali. Parece-me que jogávamos algo, mas não me recordo o quê, nem lembro se Bill estava ali ou não. Não me recordo se colhi flores para minha mãe, algo que quase sempre fazia. Tampouco consigo dizer onde ficava esse campo.

É uma imagem bastante limitada e efêmera, destituída de nitidez e clareza, diferente da outra memória de Myrna sob a porta, firmemente cravada em minha mente – a aparência cinzenta e a ausência de vida em seus olhos no dia do funeral estão de forma definitiva gravadas em minha imaginação. A lembrança mais sombria, infelizmente, é cristalina, e não dá sinais de que algum dia desaparecerá.

Essas são algumas das minhas memórias de infância. Muitas vezes, entretanto, gostaria que fossem diferentes. Eu queria ter mais controle sobre essas lembranças, para mais bem equilibrá-las; queria poder recordar passagens boas e ruins com a mesma clareza. Apesar disso, com frequência, a despeito do quanto eu me esforce, são apenas as memórias negativas que tomam conta, de forma relativamente incontrolável, atormentando-me com sua presença e vividez.

Não obstante, segundo vários psicólogos, há técnicas que podem parecer surpreendentes, para facilitar a recuperação de memórias autobiográficas, incluindo aquelas positivas. A primeira delas é tentar reproduzir, enquanto nos esforçamos para rememorar, os mesmos movimentos corporais que teriam acompanhado a formação da lembrança original.

Já há quarenta anos, descobriu-se que a recuperação de memórias é facilitada pela reprodução de condições semelhantes às da vivência original. Portanto, se você estava sob a influência de álcool durante o desdobramento de determinado evento, será mais provável recobrar a lembrança no futuro quando se encontre novamente alcoolizado – essa é a razão pela qual, muitas vezes, somos inundados por memórias de forma involuntária quando bebemos.

Pesquisas recentes (RISKIND, 1983) sugerem que processos mentais como a memória não estão desconectados de experiências corporais. Ao contrário, esse elemento físico representa uma parte integral de nosso ambiente sensorial e motor.

Um estudo em particular solicitou a alguns participantes que ficassem em pé e sorrissem enquanto traziam à mente memórias prazerosas ou desagradáveis. A outros, pediu-se que, também em pé, mantivessem o corpo solto, ombros caídos e cabeça abaixada com uma expressão abatida no rosto, pensando, mais uma vez, em experiências positivas ou negativas.

Descobriu-se que o sorriso e a postura ereta ajudavam a recuperar experiências positivas. De outro lado, uma atitude corporal combalida facilitou o afloramento de memórias ruins. Dessa forma, tanto a postura corporal, como expressões faciais, parecem ter um efeito importante na possibilidade de acesso a informações de nossa memória biográfica. Quando essas atitudes correspondem àquelas da vivência original, a memória é facilitada.

Katinka Dijkstra, Michael Kaschak e Ralf Zwaan, da Universidade do Estado da Flórida, testaram essa ideia de forma mais aprofundada, pedindo a voluntários que invocassem memórias de eventos específicos de seu passado, usando diferentes posturas corporais. Solicitou-se que pensassem em oito lembranças distintas, que incluíam elementos como ir ao dentista, praticar algum esporte, abrir a porta para alguém, aplaudir durante um concerto, acenar para outra pessoa e colocar a mão sobre o coração.

Essas memórias foram revividas em duas condições alternativas: de forma congruente com a postura corporal original – por exemplo, deitando-se de costas ao lembrar-se da visita ao odontólogo –, ou numa atitude corporal que não correspondesse à vivência rememorada – por exemplo, ficando em pé e com as mãos na cintura quando se pensava na consulta dentária (quase ninguém teve um dente extraído nessa posição). Duas semanas depois, os participantes retornaram e passaram por uma segunda sessão de rememoração, repetindo as mesmas posturas e lembranças.

Os resultados mostraram que o tempo necessário para recuperar as memórias é significativamente menor numa postura congruente. Mais ainda, no seu retorno após duas semanas, os voluntários que usaram posturas congruentes recobraram uma porção ainda maior de material autobiográfico do que na sessão inicial. O efeito foi semelhante para as pessoas mais jovens, com idade média de 22 anos, e mais velhas, com média de 70 anos.

Nas palavras dos autores, "assumir uma posição física elaborada desempenha um papel crucial no acesso a lembranças autobiográficas e em suas sucessivas rememorações. Uma postura congruente com a memória original ajuda tanto adultos jovens, como mais maduros, a recobrar suas lembranças, evidência de uma especificidade na inscrição das memórias no terreno autobiográfico. A repetição, durante a recuperação mental, da postura corporal adotada na experiência original facilita o acesso a essa vivência."

O fato é que o cérebro armazena informações de maneira a conectar o sentido dos eventos ao registro de nossa interação com eles. Nas palavras de Antonio Damasio (1999), "as memórias são constituídas pelo cérebro de maneira altamente distributiva. Tomemos, por exemplo, a palavra 'martelo'. Não existe um local específico no órgão onde encontraremos uma entrada com esse nome seguida de definições, como num dicionário, do que significa o termo. Ao invés disso, (...) há um sem-número de registros que correspondem a diferentes aspectos de nossas interações pretéritas com o objeto: sua forma, o modo típico de uso, a posição e o movimento da mão necessários para manuseá-lo, o resultado da ação, o vocábulo que o designa em tantas línguas quanto conheçamos."

É possível, dessa forma, usar a estrutura básica e aspectos funcionais do cérebro para facilitar o acesso a memórias biográficas. Para recuperar, por exemplo, uma lembrança alegre de infância, pouco ajudam uma posição corporal encolhida e uma expressão facial séria ou infeliz – algo a que talvez nos inclinássemos naturalmente, pensando que essa seria uma tarefa séria e árdua. É preciso adotar uma expressão e uma postura alegres.

Se, de outro lado, a intenção é buscar uma memória triste, certifique-se de assumir uma expressão e postura correspondentes. Ao fazê-lo, estamos em essência lançando mão das propriedades estruturais do cérebro para nos ajudarem a obter acesso às memórias.

Se você deseja relembrar seu estado de felicidade na escola primária, sentado no chão de pernas cruzadas, ouvindo a professora falar e recebendo um elogio por uma sugestão, coloque-se nessa mesma posição, com uma expressão de expectativa no rosto, excitado como uma criança, e então tente buscar a lembrança.

Para recordar seu primeiro dia de aula e sua visão inicial da escola, assuma a posição correspondente, com a mão esticada para o alto, como se segurasse a mão de seu pai, levando-o até o portão. Se o objetivo é rememorar a alegria de receber um resultado de exame, fique de pé e abra um envelope imaginário. Para relembrar a excitação ao rever seus pais na infância, depois de algumas horas distante deles, reflita sobre a postura mais provável em que se encontrava – talvez ajoelhado no sofá, olhando pela janela e sorrindo quando os vê. A postura consistente e clara ajudará as memórias a reaparecerem. Tentar recobrar essas lembranças preciosas de maneira séria e concentrada, como normalmente fazemos, sentados diante de uma escrivaninha, sem sorrir e sem adotar uma postura congruente, torna tudo mais difícil. Pode parecer um pouco estranho, mas funciona.

É preciso observar, entretanto, que o método usado pelos pesquisadores para mensurar a precisão das lembranças consistia em pedir aos participantes para trazer à mente, por duas vezes, a memória, e então comparar a quantidade de material recuperado nas duas repetições. Não seria possível cotejar as memórias da primeira tentativa com o evento original, porque não se dispunha de registros em vídeo da situação real no passado da pessoa. Seria fácil hoje, entretanto, conduzir um experimento assim, com a quantidade de material filmado disponível – uma ideia certamente interessante e exequível. Quero tentar algo assim um dia. Por ora, preocupam-me um pouco os possíveis resultados. Seria potencialmente como abrir as comportas de uma represa. Demanda coragem.

- Nossas memórias autobiográficas são altamente seletivas.
- As lembranças são facilitadas se o contexto de rememoração é semelhante ou reproduz as condições em que a memória originalmente se estabeleceu.
- Para recuperar memórias de infância, adote uma postura corporal congruente com aquela que possivelmente ostentava naquele momento.
- Para recobrar memórias alegres, aja de maneira alegre.
- Para recobrar memórias tristes, aja de forma triste.

COMO MORDER A LÍNGUA SEM PERDER A CABEÇA

A melhor maneira para evitar perder a cabeça é não tentar conscientemente controlar de forma alguma sua raiva, mas sim aprender a fazê-lo de maneira inconsciente, o que é evidentemente muito mais difícil.

Em outras palavras, é melhor mudar a maneira como pensamos, num nível mais profundo, acerca das expressões de ira. A boa notícia, entretanto, é que sabemos hoje, a partir de outras áreas de pesquisa, ser possível transformar atitudes assim.

Um dos métodos para tanto consiste em se expor a modelos de comportamento positivos que ostentem características distintas das nossas. Se você tem um temperamento agressivo e tendência a explosões de raiva, algo dessa atitude pode ser influência de um modelo negativo – seu chefe, por exemplo – que também se comporta dessa forma. Isso reforça suas crenças implícitas – ou inconscientes – em torno do papel da raiva em situações de pressão. De alguma forma, sua interpretação pode ser a de que a vivência e expressão da ira seriam positivas porque pessoas de sucesso agem dessa maneira.

Busque modelos alternativos, pessoas que se mantenham calmas na ampla maioria das situações. Reflita sobre elas e avalie seu grau de êxito ao lidar com os testes que a vida lhes impõe. Outra opção pode ser assistir a filmes com heróis frios, calmos e compostos. Faça isso todas as noites, se for preciso, pois é necessário trabalharmos em nossas crenças implícitas.

A ciência, por trás disso, nos diz que uma explosão emocional, quando nos sentimos extremamente nervosos, propicia uma sensação de extremo prazer durante alguns segundos. Ela não produz, entretanto, efeitos psicológicos positivos duradouros porque nos deixa ainda mais ansiosos algum tempo depois, embotando também, com frequência, qualquer capacidade para pensar com clareza, até mesmo por algumas horas após o episódio.

Por outro lado, tentar conter esses impulsos pode ser igualmente danoso – ou ao menos assim nos sentimos. Iris Mauss e seus colegas da Universidade de Denver investigaram formas para contornar essa escolha de Sofia na regulação das emoções.

Segundo eles, os estudos anteriores que abordavam explosões emocionais concentraram-se em métodos conscientes e deliberados para o controle. Os pesquisadores da Universidade de Denver argumentam ainda que os efeitos negativos das tentativas de suprimir a raiva poderiam efetivamente resultar do esforço consciente necessário para fazê-lo, e sugeriram que poderiam haver estratégias alternativas.

Há a possibilidade de que processos de controle emocional menos intencionais e conscientes permitam a modulação de sentimentos negativos, incluindo a raiva, sem os óbvios custos implicados nas formas conscientes e deliberadas. Em outras palavras, os pesquisadores se perguntaram se seria possível explorar processos automáticos para lidar com a raiva.

A primeira questão interessante com que o estudo se confrontou foi a de como chegar a esses processos automáticos. Como ocorrem fora da consciência dos participantes, não seria possível eliminá-los voluntariamente ou utilizando qualquer tipo de relato pessoal.

O método escolhido foi, por isso, o Teste de Associação Implícita (TAI), desenvolvido por Anthony Greenwald e seus colegas. Essa metodologia, em essência, mede a avaliação implícita de categorias por meio de tarefas que exigem respostas rápidas, baseando-se na suposição de que, quanto mais fortemente ligadas ao inconsciente estejam certas categorias, mais rapidamente o indivíduo decidirá associá-las e cometerá menos erros ao estabelecer essa reação.

Num estudo recente, usei o TAI para mensurar predisposições inconscientes em relação ao meio ambiente e para medir, especificamente, atitudes implícitas para com produtos com alta e baixa emissão de carbono em seus processos produtivos. O resultado mostrou que as pessoas demonstram simpatia inconsciente em relação a produtos de menor impacto ambiental – o que suscita uma questão relevante e urgente: por que, mesmo assim, não compramos mais produtos desse tipo?

Em seu trabalho, Mauss e seus colegas utilizaram termos associados a um forte controle emocional, como "controlado", "frio", "disfarçar", "conter", "suprimir", palavras relacionadas a uma intensa expressão emocional, como "expressivo", "emocional", "revelar", "expor", "extravasar", e uma série de termos positivos – por exemplo, "prazeroso", "bom", "ouro", "honra", "sortudo" – e negativos – "negativo", "mau", "sombrio", "sujeira", "podre".

Termos relacionados a controle	Termos relacionados à expressão emocional	Termos positivos	Termos negativos
Controlado	Expressivo	Prazeroso	Negativo
Frio	Emocional	Bom	Mau
Disfarçar	Revelar	Ouro	Sombrio
Contido	Expor	Honra	Sujeira
Suprimir	Extavasar	Sortudo	Podre

O TAI mede a velocidade com que cada participante associa, de forma inconsciente, as palavras relacionadas ao controle ou expressão emocional a categorias positivas e negativas, revelando, assim, quais são suas atitudes implícitas nesse sentido.

Na segunda parte do estudo, Mauss e seus colegas estudaram o comportamento de fato dos voluntários numa série de tarefas que tinham por objetivo fomentar a raiva. Em uma delas, era preciso contar uma série de cartas com aparência muito semelhante e em cópias bastante borradas de forma tão rápida quanto possível. Ao mesmo tempo, um dos cientistas interrompia com frequência o processo, pedindo aos participantes que "falassem mais alto" e sugerindo ainda que seu desempenho não estava sendo muito positivo.

O propósito do experimento foi verificar os efeitos, sobre as respostas emocionais à tarefa, das atitudes inconscientes em relação ao controle das expressões. Um amplo conjunto de comportamentos foi monitorado, incluindo demonstrações faciais de raiva, explosões verbais, pensamentos raivosos, resposta cardiovascular e também aquilo que os indivíduos, conscientemente, faziam para tentar se controlar na situação.

Os resultados mostraram que aquelas pessoas com atitudes implícitas mais positivas em relação ao controle emocional tiveram menos explosões de raiva, menor quantidade de pensamentos e comportamentos negativos, além de se mostrarem mais relaxadas durante e depois das tarefas.

Em outras palavras, o Teste de Associação Implícita pode revelar atitudes inconscientes em relação ao controle das emoções, permitindo-nos prever respostas automáticas a situações que suscitam raiva. Segundo os pesquisadores, "algumas pessoas parecem capazes de permanecer calmas, frias e compostas sem esforço consciente, em situações fortemente adversas." Em contrapartida, outros indivíduos não têm essa capacidade sem um esforço consciente; precisam lançar mão de estratégias deliberadas para mudar suas respostas.

Essa pesquisa enfatiza o papel de processos automáticos na regulação das emoções. Durante muito tempo, os psicólogos acreditaram que os pensamentos e sua interpretação consciente desempenhavam papel crucial no afloramento de determinadas emoções. Esse estudo, entretanto, demonstra que muito se desenrola para além da reflexão consciente.

Tendo isso em vista, como evitar perder a cabeça?

A resposta desses pesquisadores sugere ser preciso mudar nossas atitudes inconscientes em relação à própria ideia de controle das emoções. Sabemos que é possível transformá-las porque posturas, por exemplo, em relação às categorias "branco" e "negro" se alteraram significativamente, após a eleição de Barack Obama à presidência dos Estados Unidos.

Usando a mesma lógica, considere submeter-se a uma overdose de filmes e séries com protagonistas frios, calmos e compostos em qualquer situação. Ver uma quantidade significativa de narrativas que retratam positivamente o controle emocional terá um impacto em suas atitudes implícitas e inconscientes em relação a isso. O resto é fácil. Quando confrontado com situações que suscitam raiva, seus processos internos assumirão o comando e evitarão que você perca a cabeça com todas as consequências nefastas que isso traz. Enquanto não chega lá, lembre-se de contar até dez.

- Nossa atitude inconsciente tem impacto direto sobre nosso comportamento.
- Pare de se aborrecer mudando sua atitude inconsciente em relação à raiva.
- Assista a filmes com herois frios e compostos, que vencem sem perder a calma.
- Lembre-se de que explosões de raiva nos fazem sentir estúpidos e levam os outros a quererem nos evitar.

COMO VIVER MAIS NO PRESENTE

Quantas vezes você deixou momentos de sua vida passarem sem que realmente os desfrutasse? Olhando para o passado, o quanto você se arrepende por não ter aproveitado suficientemente certos momentos e situações?

É possível aprender a saborear o momento presente de forma mais intensa, focando conscientemente o fato de que suas experiências de agora logo chegarão a um fim. Para realmente aproveitar, por exemplo, um feriado, tenha sempre em mente que lhe resta apenas um certo número de dias. Para apreciar mais o trabalho, pense que logo suas tarefas já não serão as mesmas.

Sabemos que essa capacidade de viver no presente tem grande influência sobre o bem-estar psicológico. Não obstante, é comum não focarmos cada instante e deixarmos os momentos escaparem, muitas vezes, sem nos darmos conta. Não atribuímos o devido valor à nossa vida cotidiana e aos prazeres que fazem parte dela.

Para conseguir viver no presente, é preciso lutar contra essa tendência quase inescapável, lembrando-se, de forma consciente e deliberada, de que tudo realmente tem um fim. Precisamos todos fazer isso. Eu mesmo permiti que a infância de meus filhos passasse sem dedicar-me como deveria. De alguma maneira, me iludi que isso duraria para sempre, o que não foi o caso. Agora, já não há retorno.

Jaime Kurtz, do Pomona College, em Claremont, na Califórnia, pesquisou formas para facilitar esse desfrute dos momentos, do aqui e do agora, dos eventos prazerosos que acontecem a cada instante em nossa vida. Ainda que essa capacidade seja apontada pelos psicólogos como algo ligado ao bem-estar, nem sempre é fácil exercê-la, aponta a pesquisadora. Ela sugere que, ao nos lembrarmos de que uma atividade agradável logo acaba, concentramo-nos nos aspectos positivos da experiência e nos motivamos a extrair o máximo de cada momento.

Sua pesquisa pedia a grupos de estudantes prestes a se graduarem que escrevessem sobre sua experiência universitária, falando sobre "seus amigos de faculdade", "o campus", "as atividades de que participou aqui" e "sua experiência universitária de modo geral."

Para cada um desses tópicos, havia instruções específicas na linha de "já que lhe resta pouco tempo" ou, de outro lado, "com tanto tempo ainda pela frente na Universidade da Virgínia, diga como se sente em relação a..." Os preâmbulos assim escritos induziam um grupo a focar na escassez do tempo restante e o outro a pensar que ainda dispunha de um período dilatado para desfrutar da vida na universidade.

Na noite em que cumpriram essa tarefa, os participantes receberam um correio eletrônico com um link para um questionário *on-line*, em que tinham que relatar seu estado de espírito e sua participação ou não em certas atividades ligadas à universidade.

Durante a quinzena seguinte, foram enviados outros links aos voluntários, com quatro questionários semelhantes, dos quais o último incluía também avaliações subjetivas do estado de felicidade, que Kurtz usou para examinar as mudanças no nível de bem-estar ao longo do experimento todo.

As análises revelaram que os participantes estimulados a refletir sobre o término iminente da vida universitária mostraram um aumento mais significativo no bem-estar subjetivo durante esses dias.

Além disso, esses voluntários também se engajaram em mais atividades ligadas à vida universitária durante esse tempo.

Portanto, o estudo demonstra que, focando a mente na duração limitada das experiências positivas, aumentamos a sensação de felicidade e também influenciamos a maneira pela qual utilizamos nosso tempo. Quando as pessoas são lembradas que uma experiência está prestes a acabar, o estado de espírito não se eleva necessariamente de forma imediata, mas sim através de um efeito cumulativo ao longo dos dias. Dessa forma, para viver o presente de forma mais intensa, é preciso ter em mente que nada dura para sempre.

O exercício ilustra um princípio simples, mas de óbvio apelo intuitivo. O grande problema da vida é não a apreciarmos no momento em que acontece. Somente após seu término, compreendemos o verdadeiro prazer que extraímos de algo. O experimento demonstra de forma singela e poderosa que, forçando as pessoas a pensarem de maneiras específicas, é possível aumentar o valor do presente.

Não obstante, a pesquisa se concentrou em apenas uma experiência específica – o fim da vida universitária –, que em geral tem um final demarcado e incontestável. O experimento funcionaria da mesma forma, por exemplo, com relações pessoais, que possuem fim incerto e podem até mesmo durar para sempre (a despeito das estatísticas sugerirem o contrário)? Como conseguir que as pessoas aproveitem o agora nas relações pessoais a partir da ideia vaga de que, em algum ponto futuro, podem acabar? Será possível focarmos o fato de que tudo passa, mesmo as melhores relações, e assim desfrutarmos mais da sucessão dos momentos? Em certas áreas, viver no presente pode ser algo bem mais complicado de se conseguir do que na situação específica desse estudo.

- A capacidade de desfrutar de cada momento tem impacto sobre o bem-estar psicológico.
- Muitas pessoas deixam de aproveitar seus momentos e, quando se dão conta, a vida passou.

- Exercite viver cada momento, lembrando-se de que, um dia, a fase atual de sua vida terá acabado; pode parecer doloroso, mas é muito útil.

COMO DESPERTAR SIMPATIA

Para obter uma reação positiva de alguém quando estamos falando sobre nossa vida, é preciso conseguir que a pessoa demonstre expressões correspondentes – por exemplo, um aceno de cabeça enquanto escuta. Isso despertará simpatia.

Por quê?

Nosso comportamento não verbal amplifica o estado interno. Ao balançar a cabeça, seja qual for a razão, a pessoa simpatizará com você. Mas como é possível fazer com que alguém acene com a cabeça enquanto falamos?

Antes de começar a conversar sobre aspectos importantes de sua vida, faça uma série de perguntas para as quais supõe que a resposta seja "não" e observe seu interlocutor balançar a cabeça. Pergunte então se pode relatar algo que tenha lhe acontecido – é possível que a pessoal ainda esteja chacoalhando a cabeça quando você começar a falar.

Um aceno de cabeça é um indicador não verbal associado à simpatia. Nós monitoramos nosso estado psicológico parcialmente a partir desses indicadores silenciosos que ostentamos. Em outras palavras, conseguir que alguém balance a cabeça enquanto ouve sua história intensificará suas emoções e fará com que a pessoa simpatize com você. Numa situação experimental, mesmo um pedido explícito para que a pessoa balance a cabeça parece funcionar – a despeito de que esse pedido soasse muito estranho numa interação cotidiana. Pode parecer pouco científico, mas faz todo sentido.

Segundo Maya Tamir e seus colegas da Universidade de Illinois, em Urbana-Champaign, os sinais expressivos inconscientes que enviamos podem ter influência decisiva em nosso estado psicológico.

Não se trata de uma ideia nova. William James (1890) sugeriu que a percepção de nossas próprias expressões faciais é um importante indicador para a experiência subjetiva. Em outras palavras, o fato de se saber sorrindo leva a uma percepção interna de felicidade. A implicação mais direta desse fato é a possibilidade de mudarmos o estado interno de alguém, se conseguirmos que a pessoa aja de certas maneiras.

Uma pesquisa intrigante feita por Wells e Petty (1980) mostrou que, quando concordam com a cabeça – ao invés de balançarem-na negativamente – ao ouvirem uma mensagem persuasiva, as pessoas tendem a uma reação mais positiva à própria mensagem. Isso ocorre mesmo que se peça à pessoa para conscientemente assumir essa expressão.

A questão que Tamir coloca, entretanto, é a de se a forma do comportamento tem sempre o mesmo efeito sobre as emoções, uma vez que seu significado pode mudar em diferentes situações.

Suponha, por exemplo, que você esteja assistindo a um filme em que alguém fala sobre o quanto o vício em drogas arruinou sua vida. Nessa situação, qualquer aceno de cabeça significa algo como "nossa, que situação horrível" – uma forma não verbal de simpatia.

De outro lado, imagine-se ouvindo um ex-presidiário esquizofrênico relatando as torturas que infligiu a um vizinho e, depois, seu assassinato. Trinta anos depois, ele sai da cadeia e diz desejar somente uma vida normal, que se encontra agora num estado psicológico muito melhor e que "merece viver livre da vigilância de vizinhos paranoicos".

Nesse contexto específico, Tamir e seus colegas explicam que balançar a cabeça ganha um sentido completamente diferente – algo como "nossa, que pessoa horrível". Em outras palavras, eles investigaram se a resposta não verbal – acenar positiva ou negativamente com a cabeça – tem um impacto sobre nosso estado psicológico, bem como se esse efeito varia conforme o contexto.

No estudo, foi dito aos participantes que seria avaliado o efeito do movimento corporal sobre a memória. Pediu-se a eles que executassem um movimento dentre as duas alternativas oferecidas: balançar a cabeça vertical ou lateralmente à taxa aproximada de um movimento por segundo. O experimento foi desenhado de forma que os voluntários usassem cada um dos movimentos durante um filme diferente. Após assisti-los, a resposta emocional à pessoa mostrada na tela foi mensurada em 13 dimensões distintas para uma escala de cinco pontos, que variava de "Não senti isso de forma alguma" a "Senti fortemente isso":

"Simpatia"
"Importar-se"
"Compreensão"
"Pena"
"Compaixão"
"Empatia"
"Irritação"
"Perturbação"
"Impaciência"
"Raiva"
"Nojo"
"Desprezo"
"Hostilidade"

Essas respostas emocionais eram vistas como "emoções pró-sociais" pelos pesquisadores. Eles descobriram que, ao escutar a ex-viciada falar, movimentos laterais da cabeça fomentaram mais emoções pró-sociais do que movimentos verticais. De outro lado, assistindo ao esquizofrênico, os movimentos laterais geraram menos simpatia emocional do que os verticais. Dito de outra forma, quando balançavam a cabeça de um lado para o outro ao ouvir a viciada falando sobre as mazelas da vida, as pessoas se mostraram muito mais simpáticas a ela do que quando se solicitou que fizessem o outro movimento. O movimento lateral, em essência, intensificou a sensação de simpatia. Para o ex-prisioneiro, o efeito foi contrário. Nesse caso, o movimento lateral de cabeça, quando assistindo ao filme, significou um julgamento menos amistoso.

A pesquisa demonstra o poder de movimentos expressivos inconscientes sobre estados emocionais. Os efeitos específicos, entretanto, não podem ser somente atribuídos ao comportamento em si. Afinal de contas, os mesmos movimentos levaram a consequências distintas conforme cada filme. Na verdade, o resultado depende do significado de cada situação. O mesmo comportamento pode amplificar ou atenuar emoções pró-sociais dependendo do contexto. Não obstante, fica evidente que movimentos inconscientes de expressão têm um impacto importante sobre a maneira como nos sentimos.

Dessa forma, para angariar simpatia quando estiver contando a alguém suas dificuldades de vida, é preciso conseguir que essa pessoa balance a cabeça. Isso pode soar um pouco ridículo, mas foi exatamente o que se pediu no experimento, solicitando às pessoas que balançassem a cabeça de forma explícita e deliberada.

Mas como gerar movimentos de cabeça sem um pedido específico? É possível, por exemplo, propor à pessoa algo que você sabe que terá uma resposta negativa – convidá-la, por exemplo, para ir ao cinema, quando ela terá que trabalhar até tarde, ou para fazer uma viagem surpresa, sabendo que isso seria impossível. Quando perguntar se ela tem tempo para ouvir algo sobre sua infância árdua, os acenos de cabeça podem se estender para o começo de sua história e, de forma surpreendente, esses indicadores proprioceptivos estimularão o cérebro e intensificarão respostas simpáticas.

Esse é um daqueles incríveis experimentos contra-intuitivos. Afinal, como é possível conseguir efeitos estatisticamente confiáveis com a manipulação de movimentos corporais de uma maneira tão direta?

Os autores do estudo têm consciência de sua maior limitação: a ausência de um grupo de controle neutro para comparação dos resultados. Sabemos, assim, que cada situação gerou resultados completamente diferentes em relação à outra. Não foi possível aferir, entretanto, quais seriam essas distinções, se comparássemos os efeitos de cada uma a esse possível grupo de controle.

- Avaliamos nosso estado psicológico parcialmente em função dos sinais não verbais que emitimos.
- Quando balançamos de maneira deliberada e consciente a cabeça ao ouvir um pedido, tendemos a considerar a mensagem mais persuasiva.
- Quando movimentamos lateralmente a cabeça de forma deliberada e consciente ao ouvirmos uma história triste, sentimos mais simpatia em relação ao relato e à pessoa que o está fazendo.
- Desperte simpatia induzindo as reações não verbais de seu interlocutor; faça com que ele balance a cabeça.

COMO EVITAR QUE SEU CÉREBRO SE IRRITE

Quando era jovem, eu tinha certa tendência a explosões de raiva. Era uma forma frustrada de ira, como se as pessoas não compreendessem que eu tinha coisas importantes a fazer ou não enxergassem que eu me encontrava sob pressão. De repente, eu me enfurecia, vociferando e praguejando até que a onda passasse. Minha mãe dizia: "Lá vai ele perdendo sua cabecinha novamente." Seus comentários não ajudavam. Na verdade, contribuíam negativamente, de maneira que eu não podia entender. Isso era parte da frustração que eu não conseguia articular. Quando a explosão se acalmava, restava-me o sentimento de estupidez.

A psicologia tem conselhos bastante específicos sobre como prevenir isso, ao menos em certos contextos. Se você ainda não logrou mudar suas atitudes inconscientes em relação à raiva, para evitar que seu cérebro se irrite ao receber um comentário negativo ou notícias ruins, mantenha seu corpo reclinado.

Explico: a forma pela qual a posição corporal afeta nossa resposta neural em situações que produzem raiva foi estudada por Eddie Harmon-Jones e Carly Peterson, da Universidade A&M do Texas.

A pesquisa é embasada na observação de que certas partes do cérebro passam por uma ativação mais intensa quando ficamos nervosos – indicadores proprioceptivos, sobretudo o córtex pré-frontal esquerdo, que fica mais ativo que seu homólogo do lado direito, especialmente quando a situação envolve o tipo de raiva que nos inclina a tomar alguma atitude.

A questão colocada, entretanto, dizia respeito à maneira como a posição corporal influencia esse processo, pois outros estudos já mostravam que movimentos, de fato, afetam processos emocionais e outras experiências interiores.

No experimento, pediu-se aos voluntários que escrevessem um texto que supostamente passaria por um avaliador. Sensores foram conectados à cabeça para medir a atividade elétrica do cérebro. Metade dos participantes ouviu ao julgamento de sua redação sentada de forma ereta; a outra metade, reclinada em uma cadeira.

Essas avaliações – que não envolviam apenas o texto, mas também a personalidade das pessoas – eram fixas, de forma a que metade dos voluntários recebesse opiniões positivas, e metade, negativas. Os cientistas monitoraram a atividade cerebral dos participantes e também pediram a eles que respondessem a um questionário sobre seu estado de espírito.

Os resultados mostraram que houve um nível mais elevado de atividade do córtex pré-frontal esquerdo nos casos de avaliações negativas recebidas por participantes sentados de forma ereta do que naqueles em que as avaliações foram também ruins, mas recebidas em posição reclinada. A atividade neural ou cerebral associada à raiva foi, portanto, reduzida quando os participantes receberam suas avaliações na segunda posição.

É muito maior a probabilidade de o cérebro entrar em estado de raiva quando estamos eretos do que reclinados. Dessa forma, se quiser atenuar sua ira, ao receber notícias que você sabe poderem suscitar esse tipo de emoção, procure assumir uma posição reclinada.

O principal problema desse estudo foi a ocorrência de uma incompatibilidade entre estado de espírito e resposta neural, pois o humor relatado nos questionários não se correlacionou significativamente às mudanças nos padrões de atividade cerebral. Os próprios pesquisadores não conseguiram explicar essa incoerência, e, por isso, entendemos apenas metade da história.

Se quiser impedir que seu cérebro se irrite, recline-se para receber más notícias. Por outro lado, evitar interiormente se sentir irritado é uma tarefa que ainda precisa ser mais bem pesquisada.

- A raiva está associada a uma atividade intensificada do córtex pré-frontal esquerdo, mas esse padrão de atividade cerebral é atenuado se a informação que suscita raiva é recebida numa posição reclinada.
- Evite que seu cérebro se irrite, recebendo informações que geram raiva numa posição reclinada.

COMO ALONGAR O TEMPO

Para que o tempo passe bem mais lentamente, é preciso quebrar a rotina cotidiana e fazer novas coisas todos os dias. Atividades rotineiras e entediantes podem parecer durar muito tempo, mas, ao olharmos para dias consumidos com esse tipo de tarefas, há pouca coisa que merece ser lembrada. Inventando atividades fora da rotina e suscitando a necessidade de planejar e refletir sobre o que se vai fazer, na avaliação em retrospecto, esses dias parecem durar muito mais.

Essa é a razão pela qual muitas pessoas dizem que os dias parecem ficar mais curtos à medida que envelhecem, pois muitos aspectos da vida assumem uma natureza rotineira.

Olhar para trás, observando esse cotidiano, parece afetar a percepção do tempo. Mesmo em férias, após alguns dias, acabamos entrando numa rotina. Por esse motivo, os primeiros dias parecem mais longos e o tempo aparenta se acelerar à medida que o fim das férias se aproxima e a rotina ganha dominância. Dessa forma, para conseguir alongar o tempo, evite rotinas a todo custo.

A maneira pela qual experimentamos a passagem do tempo depende não apenas da duração real dos eventos, mas de um conjunto de fatores psicológicos. Isso é discutido há mais de cem anos.

Em 1890, o psicólogo William James escreveu que "a mesma quantidade de tempo parece menor à medida que envelhecemos (...). Na juventude, é possível ter experiências, subjetivas ou objetivas, absolutamente novas a cada hora do dia. Absorvemos tudo, lembramo-nos de tudo, e nossas memórias dessa época, como aquelas de um tempo gasto numa viagem rápida e interessante, são de algo intrincado, múltiplo e prolongado. Mas à medida que cada ano passa, ele converte parte dessa experiência em uma rotina automática que mal notamos; os dias e semanas se suavizam retrospectivamente, destituídos de conteúdo, e os anos se tornam ocos e desmoronam."

Essa ideia foi apropriada por Dinah Avni-Babad e Ilana Ritov, da Universidade Hebraica de Jerusalém, que queriam entender melhor a maneira pela qual "rotinas automatizadas afetam a percepção do tempo." Elas analisaram os efeitos sobre as pessoas de atividades rotineiras ou não, primeiro de forma experimental, mas depois também em uma série de estudos de campo.

O trabalho começou por um experimento em que os participantes tinham que estimar a duração de uma gravação que continha um conjunto de nomes dispostos a diferentes intervalos. Em um desses arranjos, os nomes apareciam a intervalos regulares, enquanto, em outro, vinham de maneira irregular e não rotinizada.

O resultado mostrou que a duração da gravação foi percebida como mais curta quando o arranjo dos nomes era rotinizado. Em outras palavras, padrões de rotina levam a estimativas mais reduzidas da duração dos intervalos de tempo.

Trata-se de um resultado inesperado porque, com frequência, reclamamos que tarefas rotinizadas parecem nunca terminar. O que se investigou aqui, entretanto, foi a memória dessa duração.

As pesquisadoras utilizaram ainda um conjunto de estudos de campo para avaliar o fenômeno, incluindo observações da percepção do tempo em feriados.

A previsão que se confirmou foi a de que se perceberiam os primeiros dias dos feriados como mais longos, por representarem uma quebra da rotina e do padrão anterior. Não obstante, uma vez que se estabelecesse uma rotina no próprio feriado, a duração do tempo deveria encurtar, com estimativas de passagem mais rápida, quanto mais próxima a volta ao trabalho. Segundo as cientistas, atividades não rotineiras demandam originalidade de pensamento, diferentemente de tarefas padronizadas, gerando maior atividade mental que, por sua vez, é o que nos faz dilatar as estimativas de tempo.

Portanto, para fazer o tempo se alongar, o segredo é sair da rotina e fazer coisas novas que exijam reflexão e planejamento. Isso afetará significativamente a percepção de sua passagem.

- Nossa percepção do tempo é afetada pelo quão rotineiros são nossos dias.
- Em retrospecto, dias com padrões familiares passam muito rápido.
- Para fazer com que o tempo dure para sempre, faça algo novo a cada dia.

COMO FAZER ALGUÉM FELIZ EM CINCO SEGUNDOS

Imagine que seu companheiro ou companheira acaba de ter um resultado ruim, por exemplo, numa entrevista de emprego. O que fazer para alegrá-lo?

Nosso nível de felicidade é determinado essencialmente pela maneira através da qual efetuamos aquilo que os psicólogos chamam de "atribuições" – ou explicações momentâneas – para eventos negativos.

Se sua companheira considera que a entrevista não deu certo por...

- características internas – "É tudo culpa minha";
- características estáveis – "Eu simplesmente não sou inteligente o suficiente";
- características globais – "Há um monte de coisas em que não sou boa";

então é provável que esteja se sentindo especialmente infeliz.

A resposta específica mais eficaz que se pode dar nessa situação é algo que contradiga essas pressuposições elementares e espontâneas. Diga, de forma convicta e enérgica, algo como: "Ninguém nunca se dá bem com essa banca; todo mundo sabe que eles criam uma atmosfera intimidadora." Essa é uma atribuição que vai na contramão do estilo natural de sua companheira, podendo levá-la a mudar um pouco sua própria atribuição. E uma pequena mudança pode ser tudo o que é necessário.

- As pessoas se deprimem em função de sua maneira de justificar os acontecimentos.
- Alegre as pessoas desafiando suas explicações para aquilo que dá errado.
- Quando alguém disser: "Não passei na prova, sou burro", responda: "Não, você não é, a prova foi realmente difícil".
- Faça isso de forma repetida até que as pessoas se deem conta de sua sinceridade e entendam a lógica.

CAPÍTULO 4
LEVANTE-SE, SACUDA A POEIRA

Há, é certo, dias bons e dias difíceis,
mas nosso humor muda mais rápido que nossa sorte.
Jules Renard, *Diário*, janeiro de 1905

COMO CONSERTAR UM CORAÇÃO PARTIDO

O melhor caminho para consertar um coração partido não é – com absoluta certeza – afogar suas mágoas em álcool. Também não funciona esperar que o tempo passe. Ao invés disso, é melhor escrever vinte minutos durante três dias consecutivos, concentrando-se em elementos específicos. Escreva sobre suas emoções e o significado da relação.

Dia 1	Escreva sobre a relação antes do rompimento
Dia 2	Escreva sobre a relação quando a perspectiva do término se tornou real
Dia 3	Escreva sobre os desdobramentos do rompimento, o que significou para você e como se sentiu

Refletir por escrito expõe-nos a pensamentos (bastante) dolorosos, o que suaviza seu impacto ao longo do tempo. Trata-se, na verdade, de uma forma sistemática de dessensibilização e de se reconciliar com esses pensamentos e dar sentido a eles através da linguagem.

Essa técnica ajuda a nos fortalecermos psicológica e fisicamente.

Em termos científicos, quando há um rompimento, pode ser difícil falar sobre a relação, especialmente com amigos, que podem ser próximos dos dois membros do casal. Com isso, pensamentos e emoções formam uma massa mental confusa, tornando impossível pararmos de pensar sobre o término da relação. Somos perturbados o tempo todo por pensamentos inoportunos – e com frequência incompletos – que nos impossibilitam refletir sobre qualquer outra coisa.

Portanto, de um ponto de vista psicológico, como se conserta um coração partido? Conforme dito, uma forma comprovada é escrever. Denomina-se a esse gesto uma "expressão motora não social", uma vez que a linguagem é usada para articular pensamento e emoções mal resolvidos, e não para nos comunicarmos com outras pessoas.

Existe um significativo conjunto de evidências acumulado ao longo dos últimos vinte anos, demonstrando que escrever sobre pensamentos e emoções íntimos ligados a experiências pessoais é algo benéfico, tanto do ponto de vista psicológico, quanto físico.

As pesquisas comprovam que o ato de escrever induz uma liberação fisiológica e psicológica que reduz o estresse e nos ajuda a funcionar melhor. A escrita nos permite dar sentido ao que aconteceu, ajudando-nos a compreender e assimilar melhor a experiência. Ao colocarmos os eventos no papel, podem ocorrer revelações que nos auxiliam a olhar os eventos em melhor perspectiva.

Stephen Lepore e Melanie Greenberg, da Universidade de Colúmbia, estudaram o impacto da escrita sobre a saúde física e psicológica em casos de rompimentos amorosos. Através do procedimento padrão de Pennebaker, solicitou-se aos participantes que escrevessem um texto, durante vinte minutos, por três dias consecutivos, em um local reservado e tranquilo – entende-se que os três dias em sequência permitem às ideias se desenvolverem melhor.

Os participantes foram instruídos, nas palavras de Lepore e Greenberg "a escrever sobre seus pensamentos e emoções ligados ao relacionamento, sobre como essa relação teve impacto enquanto existiu, ou sobre seu efeito hoje em sua vida. O mais importante é mergulhar nas emoções mais profundas e explorá-las através da escrita."

Os pesquisadores queriam ajudar os voluntários a construir um relato coerente do término da relação. Para tanto, no primeiro dia, foi solicitado que se concentrassem em descrever o relacionamento antes de seu fim; no segundo dia, que falassem sobre ele no momento em que o rompimento ocorreu e, finalmente, no terceiro dia, sobre os desdobramentos desse término. Um grupo de controle escreveu sobre relacionamentos de um modo geral.

A saúde física e psicológica dos participantes foi mensurada de diversas maneiras. Sintomas físicos de enfermidades foram avaliados através da "Escala do Sistema Respiratório Superior", em que os participantes classificaram, durante uma semana, a severidade de sintomas como garganta inflamada e espirros. Foi também avaliado o estado psicológico, incluindo níveis de depressão, tensão, raiva, fadiga, e ainda a frequência de pensamentos inoportunos sobre o rompimento. Por último, os pesquisadores também mediram os sentimentos dos participantes em relação ao ex-companheiro(a): se ainda se importavam com ele(a), se havia raiva ou ressentimento e se sentiam culpa em relação ao término.

Lepore e Greenberg demonstraram que escrever sobre o rompimento protege os participantes de enfermidades, pois o grupo de controle, que se concentrou em questões mais impessoais, apresentou um nível mais elevado de sintomas respiratórios e de sinais de tensão e fadiga ao longo dos dias. Os voluntários que escreveram sobre seu rompimento não relataram aumento nos sintomas respiratórios, tampouco sentiram excessiva tensão ou cansaço.

Além disso, a escrita levou a menos ressentimento em relação aos ex-companheiros, menos culpa para com o término do romance, menor ocorrência de pensamentos inoportunos e ainda a uma diminuição de comportamentos de fuga. Houve também uma ligeira tendência de reatamento das relações rompidas entre esses participantes, quando comparados ao grupo de controle.

Por que escrever sobre um rompimento pode ser tão benéfico? Há aqui, aparentemente, um conjunto de diferentes processos em ação. O primeiro deles se refere à "habituação".

Ao escrever, expomo-nos repetidamente a pensamentos dolorosos que, de outra forma, manteríamos guardados. Trata-se, em essência, de uma forma de "terapia de exposição", em que a resposta emocional negativa aos eventos gradualmente diminui. Além disso, através da escrita e da expressão de nossas impressões profundas de episódios difíceis, de alguma forma, assumimos o comando de nossas reações a eles. Uma narrativa coerente se forma a partir dos pensamentos, a princípio, desconexos, e gradualmente abandonamos a posição de vítimas das circunstâncias. Por fim, escrever também nos obriga a dar um passo atrás e reavaliar todo o processo, enxergando os eventos sob nova luz.

Essas, entretanto, não são apenas mudanças psicológicas isoladas, mas sim importantes processos com efeito direto na fisiologia subjacente. Afinal de contas, o grupo experimental sofreu menos enfermidades.

Nas palavras dos autores, essas alterações nas funções psicológicas "podem ter amortecido a resposta neuroendocrinológica ao estresse de processos cognitivos incompletos, cortando, dessa forma, a resposta fisiológica e as mudanças concomitantes no funcionamento imunológico que influenciam o risco de enfermidades infecciosas."

Submeter-se a um experimento como esse não o deixará eufórico ao final. Pode ser que você não se sinta sequer mais bem disposto. Você estará, não obstante, expondo-se a pensamentos dolorosos e diminuindo sua força. Também estará atribuindo sentido àquilo que ocorreu, colocando os eventos em perspectiva e articulando-os a partir de seu ponto de vista. Ao fazê-lo, estará ainda ajudando seu sistema imunológico a lidar com o estresse do rompimento e, dessa forma, diminuindo as chances de doenças infecciosas.

É extraordinário que a simples ideia de escrever a respeito de eventos emocionais negativos reapareça de tempos em tempos como uma poderosa técnica psicológica para fazermos as pazes com episódios que, de alguma maneira, poderiam prejudicar nossa saúde psicológica e física.

Esses mecanismos são normalmente analisados de forma genérica, como habituação, fechamento ou reavaliação. Por isso, seria interessante avaliar em detalhe esse tipo de escrita – dada a enorme liberdade permitida aos participantes pelo procedimento bastante aberto utilizado –, de forma a avaliar a forma pela qual diferentes tipos de relatos induzem ou não à recuperação física e psicológica de fato.

Houve algumas tentativas de utilização de análises computadorizadas (incluindo o uso do programa Investigação Linguística e Contagem de Palavras, de que ainda ouviremos falar), mas poucas delas analisaram em detalhe as narrativas coerentes feitas, de forma a compreender aquilo que realmente faz a diferença.

Se compreendêssemos isso, poderíamos potencialmente fornecer instruções mais detalhadas. É de presumir que as pessoas escrevam sobre coisas bastante distintas, que têm impactos diferentes em seus sentimentos e pensamentos subsequentes. A boa notícia, apesar disso, é a de que, a despeito desse conteúdo específico, a técnica claramente tem um resultado. Vale a pena tentar.

- Para consertar um coração partido, é preciso lidar com nossos pensamentos inoportunos e dolorosos.
- Escreva sobre o rompimento durante três dias consecutivos.
- Dois processos ocorrem aqui: expomo-nos aos intensos pensamentos negativos (e por essa via nos dessensibilizamos em relação a eles) e encontramos sentido, através da linguagem, naquilo que aconteceu.

COMO LIDAR COM CRÍTICAS À SUA APARÊNCIA

Como quase todo mundo, detesto críticas à minha aparência. Não é raro que eu demonstre grande intolerância quando estão em jogo meu aspecto físico e comentários em relação a ele.

Há alguns anos, coloquei meu smoking favorito para o deslumbrante jantar de gala de uma cerimônia de premiação em Kinsale, no sudoeste da Irlanda. Gosto da minha aparência quando me visto formalmente, de maneira que já antecipava os elogios. Pedi que minha acompanhante naquela noite viesse até meu quarto de hotel. Depois de me olhar de cima a baixo e disparar a rir, ela disse: "MC Hammer"– apenas isso, mas era o suficiente.

Houve uma longa pausa, em que se ouvia apenas seu riso contido atrás da mão, enquanto ela me olhava à espera de uma reação. "Não mexa em nada", ela acrescentou, quase desnecessariamente, após alguns minutos de tormento. A calça aparentemente estava um pouco larga no topo, estreita na base e, além de tudo, curta. Eu nunca a tinha avaliado de perto num espelho grande. Durante os minutos que se seguiram, fiquei sentado apenas de camisa, refletindo sobre o que vestir ou dizer. Num certo momento, já que minhas emoções não haviam arrefecido, comecei a tentar insultá-la. Disse que suas roupas tampouco estavam adequadas e que ela parecia meio ordinária. Ela respondeu dizendo que minha insegurança era óbvia demais e que minhas razões ficavam evidentes. Durante o jantar, permanecemos em silêncio. Recusei-me a ir ao banheiro com medo de que alguém cantasse "Hammertime".

A evidência científica mostra que críticas à aparência, mesmo que nos magoem profundamente, não devem ser objeto de retaliação. Respostas assim, pela maneira como esses comentários nos atingem, tendem a ser extremamente emocionais, o que acaba comprovando, para você mesmo, que o comentário era justificado. Além disso, sua reação abalará ainda mais a relação com o interlocutor, sem contar que retaliações, via de regra, não nos fazem sentir melhor.

A forma mais adequada para lidar com uma crítica negativa é simplesmente aceitá-la e encerrar o assunto. Se seu companheiro diz que seu cabelo está horrível, responda algo como "Ei, vou consertá-lo quando tiver um tempo. Estive muito ocupada hoje. Que bom que você notou!" Isso demonstra atenção. Não diga "Não está pior que o seu, querido. Vá comprar um espelho." A primeira resposta fará com que você se sinta melhor; a segunda, provavelmente, a deixará mal.

Portanto, qual a melhor maneira para lidar com críticas à aparência para que nos sintamos melhor? Luo Lu e colegas da National Taiwan University, na China, levantaram as diferentes alternativas pelas quais respondemos a críticas assim e as agruparam em três categorias principais.

A primeira delas é a da "aceitação", que engloba um elemento de aprimoramento e outro de assertividade; são respostas como "melhorar a mim mesmo para estar à altura do outro", "agradecer ao outro por apontar minhas deficiências" e "aceitar as críticas com alegria e gratidão" – em outras palavras, a atitude de um santo.

O segundo tipo de reação foi batizada pelos pesquisadores de "retaliação": é essencialmente emocional e verbalmente agressiva, como dizer ao outro que ele também não é perfeito ou ridicularizar seus defeitos.

A terceira categoria de respostas é a "esquiva", reações essencialmente emocionais, mas não assertivas, como tratar a crítica como piada ou dar uma desculpa e sair de cena.

Qual afinal é a eficácia de cada uma dessas respostas para nos ajudar a lidar com críticas à aparência? Que efeito imediato cada uma delas tem sobre nosso estado de espírito?

A análise realizada revelou que aceitação e esquiva são as melhores alternativas, pois levaram os voluntários a um estado psicológico melhor logo após o evento. A retaliação, que não raro pode parecer a opção mais atraente ("Você já se olhou no espelho, camarada?" ou "Você acha que eu estou gordo? Se enxerga!" ou "É o sujo falando do mal lavado"), gerou muito mais emoção negativa nos participantes – mais depressão, ansiedade e vergonha.

RESPOSTA	COMPORTAMENTO
Aceitação	"Aperfeiçoar a mim mesmo para estar à altura do outro" "Agradecer ao outro por apontar minhas deficiências" "Aceitar as críticas com alegria e gratidão"
Retaliação	"Dizer à pessoa que ela também não é perfeita" "Ridicularizar os defeitos dele ou dela"
Esquiva	"Tratar como piada e rir" "Dar desculpa para sair de cena"

Segundo as conclusões dos pesquisadores, "se a crítica contém algo de verdadeiro e o indivíduo se dispõe a encarar sua deficiência, essa pode ser uma reação relativamente positiva e construtiva, que normalmente evitaria tensão interpessoal nessa situação. Responder com sincera gratidão pode mesmo fortalecer a relação com o antagonista", embora possamos nos perguntar se faz sentido a convivência com alguém que critica nossa aparência. Para os cientistas, a última coisa a se fazer é retaliar, não necessariamente para poupar o outro, mas para preservar-se emocionalmente. Retaliações não nos fazem sentir melhor. Por isso, evite-as.

Uma deficiência dessa pesquisa reside no fato de que os participantes eram todos chineses. E, como se sabe, a manutenção da harmonia interpessoal é um aspecto central da vida cotidiana nessa cultura. Em sociedades mais individualistas, como as ocidentais, encontraríamos os mesmos resultados? Novas pesquisas se fazem necessárias. Além disso, a análise baseou-se somente em relatos pessoais, em que se pedia aos participantes que imaginassem quais seriam suas respostas diante de críticas, e se utilizaria uma das três estratégias apresentadas. Teria sido interessante sugerir que mantivessem um registro de críticas recebidas em seu dia a dia, anotando reações e fazendo uma descrição precisa de suas emoções mais profundas naquele momento. Isso traria possivelmente novas revelações sobre nossas emoções de fato diante de ataques à aparência e das respostas que tentamos dar.

- Se alguém critica sua aparência, evite retaliar; isso só o fará sentir-se pior porque ficará evidente, para você e para o interlocutor, que ele conseguiu atingi-lo.
- Quando receber críticas, aguente o tranco; agradeça à pessoa, se for preciso; isso arrefecerá o ânimo dela.

COMO LIDAR COM A CULPA

Certas pessoas são consumidas pela culpa e pela vergonha. Para alguns psicólogos clínicos, o caminho para lidar com a culpa é aprender a ser menos autocrítico. É preciso buscar formas para se sentir mais confiante e, em essência, confortar-se.

Quando começar a se sentir culpado, fixe uma imagem mental positiva e pense em momentos em que você demonstrou cuidado para com outras pessoas. Essa técnica simples já servirá para diminuir pensamentos autocríticos e sentimentos de inferioridade ligados à culpa. Você deve se lembrar de seus bons feitos e associá-los a imagens mentais fortes e positivas, de forma a superar as emoções negativas de culpa.

A culpa é um sentimento dominante para muitas pessoas. Segundo Paul Gilbert e Sue Proctor, da Unidade de Pesquisa em Saúde Mental do Hospital Kingsway, no Reino Unido, ela pode nos tornar mais vulneráveis a problemas mentais e afetar a capacidade do indivíduo em se abrir com um terapeuta sobre seus problemas. A pessoa pode literalmente se sentir culpada demais para falar sobre suas questões psicológicas.

A culpa, explicam esses pesquisadores, tem dois componentes principais:

Culpa Externa	Pensamentos e sentimentos ligados à ideia de que o outro nos vê com raiva e desprezo.
Culpa Interna	Envolve um elevado grau de autocrítica.

Quando sentimos culpa, esses dois elementos se juntam. Com frequência, imaginamos que o mundo está contra nós e nossa autoavaliação se torna ainda mais crítica e hostil. O impacto psicológico desse processo pode ser devastador. Nas palavras de Gilbert e Proctor, "sob esse tipo de ameaça, o ego pode se sentir oprimido, fragmentar-se e simplesmente se fechar – não há lugar seguro dentro ou fora para que ele se conforte e tranquilize."

Outro problema relacionado à culpa é a impossibilidade de fazer com que as pessoas se calem. Concentramo-nos nela e ruminamos essas emoções por horas ou mesmo dias. Segundo os cientistas, trata-se de um sentimento com propriedade "adesiva", o que torna difícil nos livrarmos dele.

O que se pode fazer? A Terapia Cognitivo-Comportamental (TCC) já foi usada para o tratamento da culpa. Como parte de um programa de TCC, os participantes tentam gerar alternativas aos pensamentos autocríticos que normalmente os importunam. Ainda que sejam capazes, entretanto, de produzir raciocínios diferentes quando instruídos, isso não significa que passem a se sentir melhor. Há uma lacuna aqui. A lógica fria desses pensamentos alternativos não é suficiente para ajudar essas pessoas. Faz-se necessário que aprendam um novo tipo de resposta para se tranquilizarem internamente – algo mais emocional e menos friamente lógico.

Gilbert e Proctor distinguem dois tipos diferentes de sistemas emocionais positivos nos seres humanos. O primeiro deles gira em torno da busca de certas metas e da antecipação das recompensas a elas associadas. Ele envolve o neurotransmissor dopamina e, segundo os autores, é um sistema ativo de estimulação.

O segundo conjunto de processos relaciona-se à filiação e ao cuidado, envolvendo gestos como afagos e abraços, tom de voz macio, expressões faciais amistosas e hormônios como a oxitocina e os opiáceos endógenos. Esse sistema se desenvolve no cérebro durante os primeiros anos de vida, quando os pais cuidam dois filhos, protegendo-os e confortando-os. Na ausência de experiências positivas, defendem os cientistas, esse sistema não se forma de maneira normal, o que poderia explicar a extrema suscetibilidade de certos indivíduos à autocrítica e à culpa.

Crianças que não experimentam laços afetivos fortes acabam dependentes em demasia do outro e enxergando-o como ameaça. Nas palavras dos autores, "tornam-se, nesse contexto, extremamente ligadas a hierarquias sociais, sobretudo no que diz respeito ao poder do outro para controlar, ferir ou rejeitar." Os pesquisadores vão ainda mais além e sugerem que elevados níveis de crítica estão diretamente associados a laços afetivos débeis.

A solução apresentada pelos pesquisadores reside em treinar as pessoas a buscarem estratégias que as ajudem a se tranquilizar e a se tornar mais autoconfiantes. A filosofia básica é a de que "algumas pessoas não tiveram oportunidades para desenvolver a capacidade de discernir as fontes de sua angústia e de manter a calma e a autoconfiança diante de reveses e desapontamentos. Elas se sentem, por isso, sempre ameaçadas e vulneráveis, tanto interna, quanto externamente. Quando se deparam com problemas, falhas ou situações de conflito, esses indivíduos instantaneamente se conectam a um modelo interno que retrata o outro como hostil, reagindo com exagerado autocentramento e ataques a si mesmo."

Os pesquisadores avaliaram a possibilidade de aprendermos formas para nos apaziguarmos sozinhos, gerando autonomamente "sentimentos de compaixão" quando nos vemos ameaçados, e para estabelecer diálogos interiores ao redor de emoções mais positivas.

Solicitou-se aos participantes que criassem uma imagem mental vívida de paz interior "pensando ou relembrando seus próprios sentimentos de compaixão fluindo em direção a outras pessoas" –, por exemplo, trazendo à mente a compaixão e o carinho por uma criança ou alguém com quem a pessoa se importasse.

Também foram usados outros tipos de imagem como suporte. Nesse caso, os voluntários deviam aprender a invocar, quando necessário, um retrato de compaixão – algo amistoso e tranquilizante como uma árvore, o mar ou um animal.

Com essa imagem em particular introjetada e a sensação do que seria a compaixão, os voluntários aprenderam a recuperá-la sempre que sentissem a culpa se aproximando, para, em seguida, examinarem seus pensamentos de forma mais racional.

Por meio dessa técnica básica, a frequência de pensamentos autocríticos foi reduzida, assim como sua força e proeminência. De outro lado, os pensamentos autointeressados se tornaram "mais intensos e acessíveis". Houve ainda uma diminuição nos sentimentos de inferioridade e as pessoas se tornaram mais assertivas.

Essa é uma abordagem inovadora para um problema dos mais antigos. Ela vai além dos tratamentos corriqueiros de terapia cognitiva, direcionando o diálogo interior e alimentando-o com emoção e calor. Em essência, o método sugere que, na próxima vez que sentir culpa e autocrítica ganhando forma, você deve invocar uma imagem positiva e imaginar afeto, de um tipo que você reconheça, emanando dessa imagem. Não se trata da substituição aritmética de um pensamento por outro, mas de uma tentativa de deslocar o equilíbrio emocional de um processo interior oferecendo-lhe um contexto emocional diferente.

Aparentemente, enquanto alguns de nós desenvolvemos esse tipo de mecanismo de forma natural e instintiva à medida que amadurecemos, outros não o fazem – sem que isso signifique uma falha sua.

Certas pessoas aprendem a lidar com problemas cotidianos, colocando seu bem-estar interior em primeiro lugar, sem se deixar levar pela autocrítica de forma imediata. O estudo de Gilbert e Proctor sugere que é possível que todos aprendamos esse tipo de abordagem.

A pesquisa é interessante por introduzir a neurofisiologia básica no tratamento clínico. A despeito da abrangência restrita, que é sua maior limitação, os resultados parecem bastante promissores – a amostra era composta por apenas nove pacientes, dos quais três abandonaram o experimento. A terapia pode não funcionar de forma generalizada, mas tem grande valor aparente.

É extraordinária a forma pela qual certas pessoas se criticam do modo mais irracional imaginável. Soa óbvio dizer que elas precisam desenvolver maneiras para se apaziguar internamente e ganhar autoconfiança, de forma a impedir que a autocrítica e a culpa tomem conta. Gilbert e Proctor sugerem pensarmos num arsenal de palavras e imagens tranquilizadoras de que possamos lançar mão sempre que preciso. Esse pode ser um ativo fundamental para muitas pessoas, que poderiam se beneficiar de mais carinho consigo mesmas e de se tratarem de forma menos dura, ainda que por meio de um procedimento simples como esse.

- Muitas pessoas se punem através de sentimentos de culpa.
- Aprenda a se apaziguar internamente invocando imagens mentais positivas fortes quando sentir a culpa se formando.

COMO LUTAR CONTRA A SOLIDÃO

Se você se sente realmente triste e solitário, se pensa que não recebe apoio de nenhum amigo próximo, lembre-se deliberadamente de algum evento passado que invoque sentimentos nostálgicos.

Memórias nostálgicas trazem à mente não apenas um conjunto de emoções positivas, mas também negativas. O importante, entretanto, é que farão você se recordar dos laços compartilhados com outras pessoas, recrudescendo a sensação de conexão com os outros e o mundo ao redor e revertendo o efeito da solidão. Você se lembrará da proximidade pretérita com amigos e isso o encorajará a pensar sobre os laços que pode novamente estabelecer.

A solidão é um estado emocional negativo caracterizado por tristeza e pessimismo generalizados, além de culpa, para muitas pessoas. A cura mais comum e óbvia para a solidão é o desenvolvimento de mais relações sociais. Mas seria possível combatê-la sem envolver outras pessoas? Xinyue Zhou e seus colegas, da Universidade Sun Yat-Sen, na China, se propuseram essa pergunta. Esses pesquisadores partem do trabalho de Tim Wildschut (2006), da Universidade de Southampton, que sugere que a nostalgia – essa espécie de "saudade do passado" – pode ajudar no restabelecimento de laços simbólicos, se não físicos, com outras pessoas.

Wildschut e seus colegas solicitaram a voluntários que rememorassem um evento nostálgico e em seguida escrevessem sobre ele. A outro grupo, pediu-se que buscasse uma experiência corriqueira e a colocasse no papel. Os participantes demandados a invocar o passado nostálgico relataram sentirem-se mais conectados a outras pessoas e com laços mais firmes.

Zhou e seus colegas, dessa forma, levaram a ideia mais adiante, sugerindo que seria possível neutralizar o sentimento de solidão, recorrendo a memórias nostálgicas. Seguindo o estudo que o precedera, foi pedido aos voluntários que pensassem "em um evento nostálgico de seu passado; mais especificamente, se possível, na experiência que mais os fazia sentir-se nostálgicos."

Os cientistas se deram conta de que a nostalgia assim induzida levava os participantes a sentirem mais apoio social, conforme as medidas padronizadas adotadas, que incluíam respostas como "Posso contar com meus amigos, se algo dá errado." Da mesma maneira, o pensamento nostálgico fez com que essas pessoas listassem um número maior de amigos que se apresentariam voluntariamente para qualquer tarefa, caso fossem chamados. Em outras palavras, o simples fato de se pedir que invocassem pensamentos nostálgicos, fez com que as pessoas incrementassem sua sensação de conexão com o mundo ao redor. A nostalgia lembrou-as de seus laços sociais e trouxe uma visão mais otimista dos amigos e das formas pelas quais eles poderiam ajudar.

A solidão é o oposto dessas emoções. Ela faz com que nos sintamos isolados, desprovidos de suporte social e muito menos otimistas em relação ao papel dos amigos em nossa vida. Por isso, os pesquisadores sugerem que a nostalgia – e a iniciativa de invocar deliberada e conscientemente pensamentos nostálgicos – pode representar uma estratégia alternativa útil para lidarmos com a solidão. Nas palavras deles, "o passado, usado de forma adequada, pode fortalecer a resistência psicológica às vicissitudes da vida."

O resultado é inesperado, pois normalmente tendemos a pensar que a solidão só pode ser combatida através de um incremento em nossa sociabilização. O estudo sugere haver algo, entretanto, que pode ser feito antes disso: permitirmo-nos pensamentos nostálgicos – isso não aprofundará a solidão; na verdade, terá o efeito oposto.

A instrução passada aos participantes era bastante vaga ("Pense num evento nostálgico em seu passado"). Por isso, em certo sentido, os resultados são ainda mais impressionantes, presumindo-se também a diversidade de respostas.

Não obstante, permanece a possibilidade de que alguns pensamentos nostálgicos talvez devam, de toda forma, ser evitados. O estudo não permite, entretanto, definirmos quais deles.

A pesquisa foi realizada com estudantes e trabalhadores industriais na China, mas os cientistas sugerem que os resultados seriam universais. A solidão é encontrada em todas as culturas, e a nostalgia, com sua curiosa mescla de emoções positivas e negativas, também parece, em larga medida, um fenômeno universal e possível antídoto para o efeitos da solidão.

À medida que envelhecia, minha mãe padecia de enorme solidão. Eu morava na Inglaterra, com uma família própria de que tinha que cuidar. Obstinada, ela ficava em Belfast, bastante só. Suas antigas amigas tinham se mudado ou estavam casadas. "Não tenho mais amiguinhas com quem sair," dizia.

Ela adorava falar nostalgicamente sobre os velhos tempos e sobre eu e meu irmão Bill quando éramos garotos, de forma a combater essa terrível sensação de isolamento; e comentava sempre que tudo o que desejava era que pudéssemos todos nos juntar novamente.

"Lembro de voltar da Cidade Alta, certa noite, com seu pai, você e Bill no carro. Eu sentia medo porque estava escuro, mas aí pensei que éramos uma família completa e que, se saíssemos da estrada e morrêssemos, ainda estaríamos juntos. E então me dei conta de que já não sentia mais medo." Era essa a memória nostálgica a que ela se agarrava, contando-a e recontando-a. Esse pensamento desesperado – e do meu ponto de vista, um pouco alarmante – parecia ajudá-la um pouco, mas sempre desejei que ela buscasse outras imagens e recordações.

De forma positiva, entretanto, minha mãe não guardava sua sensação de solidão. Na verdade, fazia o oposto: contava a qualquer um que se dispusesse a escutar o quanto se sentia sozinha.

Durante a década de 1990, certa vez, ela foi comigo à cerimônia de entrega do Prêmio Literário Biggs, para o qual meu livro *We are the People: Journeys through the hearts of protestant Ulster* fora indicado.

Os ricos e famosos de Belfast circulavam elegantes pelo centro da cidade banhados na luz branca e brilhante das câmeras de TV. Alguns membros da Família Ewart estavam presentes naquela noite. Minha mãe trabalhara toda a vida na Tecelagem Ewart, de modo que isso tinha certo significado para ela. "Estamos no meio dos grã-finos hoje", dizia.

O Prêmio era uma homenagem a Cristopher Ewart-Biggs, o embaixador britânico na Irlanda, assassinado pelo IRA em 1976. Minha mãe tomou algumas taças de vinho, cuja oferta aceitava de forma graciosa das sorridentes garçonetes em seus uniformes brancos engomados.

"A gente nem precisa ir ao bar. Elas trazem para você", falava ela, conversando em pé com Brian Keenan, também indicado ao prêmio. Ele lhe contou tudo sobre seu livro, sua vida e seu cativeiro de quatro anos e meio em Beirute depois de ser sequestrado por uma milícia xiita.

Depois de todos aqueles anos preso em um porão no Líbano, Brian falava sussurrando. Eu entreouvia a conversa: "Brian, fale mais alto", minha mãe repetia para ele. "Mal consigo te ouvir. Fale mais alto, Brian, pelo amor de Deus. Você não precisa mais sussurrar." Brian beijou-a gentilmente no rosto quando foi chamado a receber o prêmio por *An Evil Cradling,* seu incrível livro absurdamente angustiante.

"Ele mereceu o prêmio", minha mãe disse, quando os aplausos começaram a diminuir, "por todos aqueles anos sentado no escuro naquele maldito porão. Ele me contou tudo. Não pude acreditar. O que queriam com ele? Mas eu disse: não se preocupe, Brian, sei como deve ter sido. Eu também nunca saio. Ambos sabemos o que significa ficar preso noite após noite sem lugar nenhum para ir."

Brian abraçou-a quando voltou com o cheque nas mãos e um sorriso tímido no rosto.

"Você ainda dirige, Brian?", minha mãe perguntou. "Aquele cativeiro não te deixou paralisado, não é? Lembre-se, se passar pela parte Norte de Belfast e estiver de carro, você pode me convidar para um drinque. Afinal de contas, ambos sabemos o que significa ficar sentado, noite após noite, encarando as mesmas quatro paredes. Você precisa sair."

Não creio que Brian tenha jamais passado por aquele canto específico de Belfast, mas se o houvesse feito, minha mãe, tenho certeza, o afogaria com suas memórias nostálgicas de tempo idos. E estou seguro de que isso lhe teria feito bem e atenuado, ainda que temporariamente, sua terrível sensação de solidão e isolamento.

- Enfrente a sensação de solidão, permitindo-se pensamentos nostálgicos.
- Essas memórias nostálgicas nos lembram de nossos laços sociais no passado, fazendo-nos sentir melhor em relação ao presente.

COMO PERDOAR E ESQUECER

Quando quiser perdoar alguém, o melhor a fazer é pegar uma folha de papel em branco e escrever sobre o que aconteceu, concentrando-se nos aspectos positivos. De forma mais específica, relate as boas consequências que o evento possa ter ocasionado:

- Sua vida se tornou melhor em consequência dele?
- Você aprendeu algo sobre si mesmo ou o mundo em função disso?
- Você aprendeu a comunicar melhor suas emoções?
- Novas experiências de vida aconteceram?
- Você descobriu forças suas que desconhecia?
- Você se tornou mais compassivo?
- Você se tornou mais autoconfiante?
- Você entendeu o que deve buscar em um namorado(a)?

O segredo, ao escrever, é deixar fluir e ser totalmente honesto, focando não apenas o evento em si, mas seus efeitos positivos em sua vida.

As pesquisas mostram que proceder dessa maneira traz revelações em relação ao que se passou e facilita o perdão, o que é fundamental, pois indivíduos incapazes de perdoar têm maior tendência à depressão e ao estresse. Relatos escritos como esse, concentrando-se nas consequências benéficas, podem ter grande impacto nas emoções negativas, protegendo-nos, em alguma medida, de outros efeitos danosos no futuro.

Na vida cotidiana, é comum magoarmos outras pessoas. Quando estamos do lado passivo do evento, é geralmente difícil superá-lo, mesmo que nos esforcemos para tanto. A infidelidade é um bom exemplo. Pesquisas demonstram que atos de infidelidade tornam o parceiro traído seis vezes mais suscetível a um sério transtorno depressivo (Cano e O'Leary, 2000).

Quando nos encontramos do lado atingido por atos dolorosos, uma série de efeitos psicológicos negativos começa a se desdobrar. É comum querermos evitar a pessoa em questão –, o que é difícil, em se tratando de seu companheiro –, e nos deixarmos dominar pelo desejo de vingança, que, por sua vez, gera raiva, excitação do sistema cardiovascular e, por essa via, estresse. Além disso, quando nos sentimos vingativos e pouco dispostos a perdoar, tornamo-nos mais vulneráveis à depressão. Por isso, ajudar as pessoas a lidar com as consequências desses tipos de ofensas representa uma questão psicológica importante.

Nas palavras de Michael McCullough, Lindsey Root e Adam Cohen, da Universidade de Miami, "ajudar as pessoas a modificar suas respostas a ofensas pode colaborar com a melhoria de suas relações e também de sua saúde psicológica e física."

Esses pesquisadores examinaram o tema abordando a psicologia do perdão. Perdoar é um processo complexo e de certa forma misterioso, através do qual o indivíduo passa a enxergar com olhos positivos a pessoa que o machucou. As questões-chave, entretanto, são: como e por que perdoamos? Algumas pessoas perdoam com mais facilidade que outras? Há formas de facilitar o perdão?

Segundo esses cientistas, há um componente crítico no perdão: a possibilidade de a vítima encontrar algum benefício no que se passou. Em suas palavras, "as transgressões geram um ônus para a vítima (por exemplo, a perda de confiança, autoestima, recursos materiais, bem-estar físico ou psicológico etc.). Não obstante, o foco nos efeitos benéficos advindos – ou que poderão ainda ocorrer no futuro – pode nos ajudar a negar alguns desses custos psicológicos, e, por essa via, fomentar o perdão."

Os tipos de efeitos positivos a que os pesquisadores se referem são a percepção súbita de forças desconhecidas, de que não fomos destruídos pelo que ocorreu, uma maior valorização de sua vida ou de certos aspectos dela (como filhos), uma melhoria nas relações com outras pessoas, o simples fato de que nos tornamos mais sábios em função do que se passou, ou ainda, por termos enfrentado as circunstâncias sozinhos pela primeira vez, um grau mais elevado de autoconfiança.

Os cientistas citam também outro estudo realizado nessa seara por Zechmeister e Romero (2002), que pediram a voluntários que escrevessem sobre eventos pretéritos em que se viam como vítimas ou perpetradores. Solicitava-se ainda que dissessem se o ocorrido fora perdoado ou não.

Apenas 2% das vítimas que não haviam sido capazes de perdoar relataram alguma consequência positiva para o evento. De outro lado, 21% das vítimas que tinham perdoado citaram uma série de efeitos benéficos.

Desses resultados, depreende-se uma possível relação entre o perdão e a possibilidade de olhar para as consequências benéficas dos eventos. Mas o que vem primeiro? Perdoamos porque vemos os efeitos positivos do que se passou ou vemos essas consequências boas porque já perdoamos de antemão? E, talvez ainda mais importante, seria possível facilitar o perdão fazendo com que as pessoas se concentrem nos efeitos positivos do que ocorreu?

Foi essa a pergunta colocada por McCulough e colegas. Eles pediram a seus voluntários que escrevessem sobre "um ato doloroso causado a você por uma pessoa conhecida." Os participantes deveriam se concentrar no que ocorrera, em como se sentiram e foram afetados pelo evento. A um segundo grupo foi solicitado que escrevesse sobre uma experiência semelhante, mas focando seus desdobramentos positivos e benefícios pessoais. Algumas das perguntas foram: "De que maneiras sua vida melhorou em função do evento doloroso ocorrido?" ou "De que modo sua vida ou você melhoraram como consequência daquilo que se passou?"

Os pesquisadores mensuraram o perdão através da motivação para:

Evitar o perpetrador – "Vivo como se ele/ela não existisse"

Vingança – "Vou fazê-lo (a) pagar por isso"

Também foi utilizado o programa Investigação Linguística e Contagem de Palavras (ILCP) para analisar o que fora escrito. O ILCP é um software de computador que classifica palavras conforme setenta categorias gramaticais, linguísticas ou psicológicas.

Os pesquisadores se concentraram em expressões emocionais positivas e negativas e também em outras que indicassem um elevado nível de processamento mental, incluindo palavras que sugerissem possíveis relações de causa e efeito ou revelações:

Expressões emocionais positivas	feliz bonito bom
Expressões emocionais negativas	ódio desprezível triste
Expressões indicando alto nível de processamento mental	porque deveria talvez

Também foram criadas duas novas categorias, baseadas em expressões indicativas de benefícios ou custos:

Expressões de benefícios	Expressões de custos
aprendi	devastação
recuperei	violou
abençoado	traiu
benefício	injusto
mais forte	partido

A maioria dos eventos dolorosos citados nos relatos envolvia namorados ou namoradas. Os casos mais comuns foram:

- infidelidade conjugal (30%);
- ofensas feitas por um amigo ou quebras de confiança (20%);
- rejeição, descuido ou ofensa vinda de um familiar (15%).

Quando escreviam simplesmente a respeito do trauma, os participantes tendiam a se concentrar no evento em si, em seus pensamentos sobre ele – descrença, confusão, tentativas de racionalizar ou justificar –, em seus sentimentos – raiva, dor, tristeza, choque, humilhação –, em sua resposta psicossomática ao ocorrido – tonturas, vômitos, insônia –, bem como em seu comportamento subsequente – agressão, por exemplo.

Os pesquisadores observaram ainda que os voluntários, com frequência, passavam a descrever também outros tipos de efeitos negativos – mudanças na autoestima, dificuldades com a imagem corporal, e mesmo alterações na percepção de si mesmo como parceiro em potencial para futuros relacionamentos.

De outro lado, quando se obrigavam a refletir sobre possíveis benefícios, os participantes tendiam a não descrever o evento de forma tão detalhada – ao invés disso, listavam, conforme pedido, os impactos positivos percebidos. As análises computadorizadas demonstraram que, no momento em que se concentravam no trauma, havia uma proporção mais elevada de palavras expressando custos, ao passo que, quando focavam os ganhos, aparecia uma frequência maior de termos relacionados a benefícios.

Uma questão importante é a de como as instruções fornecidas para a elaboração dos relatos podem ter afetado a possibilidade de perdoar. Os resultados são claros. Quando os participantes se concentraram nos benefícios em potencial, a ocorrência de reações que envolviam evitar o outro ou vingança foram severamente reduzidas. Assim, quando instruímos alguém a escrever sobre os ganhos que um evento doloroso tenha trazido, a probabilidade de que essa pessoa perdoe quem lhe causou a mágoa passa a ser muito maior, e a tendência a querer evitá-la ou buscar vingança diminui proporcionalmente.

Os ganhos que os participantes mencionaram – de maneira bastante rápida, segundo os pesquisadores – incluíam:

- fiquei mais forte ou descobri capacidades que desconhecia (55%);
- tornei-me mais sábio (44%);
- permiti-me novas experiências (29%);
- fortaleci outras relações (26%);
- aprendi a comunicar melhor minhas emoções (25%).

O trabalho demonstrou, portanto, a possibilidade de fomentarmos o perdão através de um esforço para nos concentrarmos nos ganhos obtidos a partir de um ato desleal cometido por outrem.

Uma das principais características desses relatos escritos foi a proporção elevada de expressões indicativas de níveis mais intensos de pensamento – palavras apontando para relações de causa e efeito e revelações. Quando pedimos às pessoas que foquem os aspectos positivos de um acontecimento ruim, há uma tendência a colocar os eventos em perspectiva e a identificar esses desdobramentos.

Assim, se quiser perdoar alguém que lhe causou mal, pense a respeito dos benefícios que essa história triste pode ter gerado, ajudando-o a amadurecer e mudar para melhor. Deixe a vingança de lado.

O estudo é obviamente interessante e tem consequências práticas. Uma pequena limitação relaciona-se ao fato de todas as medidas de reações de fuga ou vingança se embasarem nos próprios relatos dos voluntários, ao invés de observações comportamentais de fato. Também não existe nenhuma indicação em relação à duração e à permanência desses efeitos.

Portanto, concentrar-se no lado positivo de eventos negativos tem um impacto de curto prazo ou produz mudanças duradouras? A pesquisa não fornece respostas para isso, mas seus autores têm consciência dessas limitações e podem, quem sabe, atacá-las nos próximos anos. Pensando nos potenciais benefícios à saúde da capacidade para o perdão, essa é uma tarefa importante e urgente.

Outro problema na pesquisa diz respeito à limitação dos eventos dolorosos ao universo dos estudantes que se apresentaram para o experimento. Não é possível saber ainda se seus resultados poderiam ser generalizados para experiências muito mais sérias como abuso sexual, estupro ou mesmo infidelidade no casamento (com um tempo muito maior de vida em comum, e não apenas poucos meses).

- Aprenda a perdoar e esquecer, concentrando-se nos efeitos positivos obtidos a partir da experiência.
- Toda experiência traz mudanças; avalie como esse evento específico mudou sua vida para melhor; você se tornou mais independente? Menos ingênuo? Mais forte em termos mentais?
- Escreva sobre essas mudanças; quanto mais honesto e profundo o relato, melhor.

COMO EVITAR O ESTRESSE DO RESSENTIMENTO

Para não alimentar ressentimentos, é preciso aprender a desenvolver sentimentos de empatia pelo outro e a perdoar, abandonando as emoções demasiado negativas.

Quando refletimos especificamente em relação aos motivos que levaram alguém a nos atacar e nos esforçamos para nos livrar das emoções ruins associadas à ofensa recebida, a fisiologia corporal é profundamente afetada. A frequência cardíaca e a pressão arterial diminuem, franzimos menos o cenho e os níveis de condução elétrica da pele se reduzem, indicadores de atividade do sistema nervoso simpático.

Outro tipo de abordagem propõe entrarmos em contato com a dor que nos foi infligida, revivendo incessantemente a memória da experiência negativa. Seus efeitos fisiológicos são aparentemente opostos, detonando um conjunto de reações de estresse que podem ter grande impacto sobre a saúde.

Dessa maneira, para superar ressentimentos, reflita sobre as motivações da pessoa que lhe causou a mágoa. Não pense somente no evento em si. Tente imaginar os fatores que levaram a ele. Procure se colocar no lugar do outro de forma a perdoar. Lembre-se de que isso não significa justificar ou concordar com o que foi feito, mas apenas livrar-se de sentimentos negativos extremados. Desenvolvendo empatia e abrindo mão de sentimentos ruins, os efeitos físicos e emocionais advindos serão duradouros.

As pessoas reagem de diferentes maneiras a ofensas ou ataques pessoais. Algumas não perdoam, revolvem a mágoa e a dor, revivendo obsessivamente a lembrança, enquanto outras guardam o ressentimento, vendo-se como vítimas do comportamento egoísta do outro.

Há quem tente perdoar, entretanto, desenvolvendo empatia pelo agente da ofensa e buscando, por vezes de forma desesperada, compreender os motivos para o que ocorreu. Outros ainda se esforçam para perdoar o ato e livrar-se dos sentimentos negativos em relação à outra pessoa – o que, como vimos antes, pode envolver o reconhecimento de potenciais efeitos benéficos da situação.

Segundo Charlotte van Oyen Witvliet e seus colegas do Hope College, em Holland, no estado americano de Michigan, essas distintas respostas (ressentimento versus perdão etc.) podem ter um enorme impacto sobre a fisiologia corporal básica e sobre nossa saúde física e psicológica.

Os pesquisadores testaram isso solicitando a voluntários que pensassem em uma pessoa específica que as houvesse de alguma forma maltratado, ofendido ou magoado, para, em seguida, imaginarem vividamente cada um dos quatro tipos de reação – "revolver a dor", "guardar ressentimento", "desenvolver empatia" ou "perdoar".

Os cientistas monitoraram a frequência cardíaca e a pressão arterial dos participantes e acompanharam suas expressões faciais, indicadoras das reações emocionais, à medida que falavam. Também foi medida a condutividade da pele, de maneira a avaliar a atividade do sistema nervoso simpático.

Revolver a dor ou guardar ressentimento levaram os participantes a relatar níveis significativamente altos de agitação. Além disso, eles sentiram mais raiva, tristeza e descontrole. As expressões faciais mostraram-se mais carregadas e a condutividade epidérmica se elevou, junto com a frequência cardíaca e a pressão arterial. O impacto desse processo sobre a saúde pode ser enorme, pois a incapacidade de perdoar parece especificamente perpetuar a raiva, aumentar nossa agitação e resposta cardiovascular.

Esse foi o primeiro estudo a explorar os efeitos psicológicos do uso consciente do perdão como estratégia para responder a eventos reais. Ele demonstra que a tentativa de compreender o ponto de vista daquele que, de alguma maneira, nos ofendeu ou magoou, de forma a nos livrarmos de todas as emoções negativas, em última análise, protege o corpo e a saúde.

Surpreende muito a maneira pela qual certas pessoas parecem capazes de perdoar mais prontamente que outras. Não é raro ouvirmos falar de alguém que perdeu um familiar num atentado e que diz perdoar os terroristas, enquanto outras pessoas o encaram com incredulidade por essa resposta.

A pesquisa não revela nada a respeito dessa inclinação maior de alguns indivíduos ao perdão, mas demonstra que o direcionamento do pensamento pode ter um grande impacto sobre o estado de espírito e a atividade cardiovascular. Parece importante que todos nós, independentemente de inclinações naturais, desenvolvamos maior capacidade para o perdão, pois, no final das contas, reações duras prejudicam apenas a nós mesmos.

- Lembre-se de que, sendo capaz de perdoar, você deixará de lado muitas emoções negativas.
- Perdoar alguém fará com que você se sinta mais saudável e forte.
- Pense sobre os motivos que levaram a pessoa que o magoou a fazê-lo.
- Tente se colocar em seu lugar; entender o que se passou do ponto de vista dessa pessoa.

COMO DEIXAR DE SE TORTURAR PELO REMORSO

O remorso destrói a vida de muitas pessoas: "Se tivesse feito uma revisão mais atenta", dizem elas, "eu teria passado na prova e a vida teria sido maravilhosa" ou "se eu não tivesse ficado até mais tarde com meus amigos naquela noite, não teria tido problemas."

Por vezes, pode ser complicado lidar com o remorso, e essa emoção pode exercer influência significativa em decisões subsequentes. Muitas pessoas fogem de situações em que poderiam fracassar por uma margem estreita, imaginando que isso as levaria a sentir ainda mais remorso e a se infligir mais autopunição – diante do risco de errar, preferem nem tentar, de modo a que não haja nada do que se arrepender.

A evidência sugere, entretanto, que nossas predições do quanto nos arrependeremos se algo der errado por uma pequena margem tendem a ser inexatas. Mais ainda, a largura dessa margem estreita pode influenciar essa antecipação do nível de arrependimento, mas não determina nossa sensação de fato, uma vez que o evento tenha ocorrido, ao menos em certas áreas.

Dessa maneira, não permita que a antecipação do remorso comande sua vida e dite suas escolhas. Quando tiver uma tarefa importante diante de si, atire-se a ela, deixando de lado todo o medo de se arrepender, pois esses pensamentos não podem, de toda maneira, dizer como você de fato se sentirá.

O medo de se arrepender desempenha um papel fundamental na tomada de decisões. A pesquisa psicológica parece mostrar que a possibilidade de nos arrependermos e sua antecipação têm um enorme impacto sobre as escolhas que fazemos.

Arrependemo-nos quando agimos de maneira tola, se aceitamos conselhos ruins ou quando algo, por pouco, dá errado. Segundo Daniel Kahneman e Dale Miller (1986), o remorso é uma "emoção contrafactual", que surge quando reconhecemos que um evento negativo pode ser atribuído a nossas próprias ações. A culpa é, com frequência, um de seus aspectos mais relevantes. Ela tende a ser mais grave quando algo dá errado por uma margem estreita do que quando, comparativamente, temos um fracasso retumbante. Parece certo que falhar por pouco intensifica bastante o processo de se culpar.

Segundo Daniel T. Gilbert e seus colegas, da Universidade de Harvard, nossas expectativas nesse sentido, em geral, se mostram bastante equivocadas. Esses cientistas afirmam ainda que permitimos demasiadamente que a antecipação do remorso governe nossa vida.

Segundo Gilbert, temos enorme capacidade para racionalizar eventos negativos quando ocorrem. Em suas palavras, "sabemos evitar o remorso melhor do que imaginamos." Para testar essa afirmação, foi montado um experimento que imitava o programa de TV *The Price is Right*, no qual os participantes deveriam organizar produtos de supermercado por ordem de preço e, em seguida, identificar que conjunto de elementos continha a ordem correta.

Os pesquisadores sempre diziam aos voluntários que eles haviam escolhido o conjunto errado de produtos. Em umas das condições, entretanto (a condição de "margem ampla"), afirmava-se que o outro conjunto também não estava correto. Na outra situação, os participantes eram informados de que o conjunto não escolhido era o que continha a ordem certa de preços (a condição de "margem estreita").

Após o experimento, os voluntários falaram sobre quanto arrependimento ou desapontamento sentiam. Além disso, perguntou-se quão arrependidos ou desapontados eles achavam que se sentiriam diante do outro desdobramento possível da situação.

Os resultados foram bastante surpreendentes. O tamanho da margem de erro ("ampla" ou "estreita") influenciou o remorso antecipado, mas não teve efeito significativo sobre o arrependimento de fato sentido; em outras palavras, afetou como as pessoas achavam que se sentiriam, mas não como de fato se sentiram.

Num segundo experimento, Gilbert e seus colegas estudaram indivíduos que haviam perdido trens na estação de metrô de Cambridge, no estado americano de Massachusetts, perguntando como se sentiam (uma pesquisa arriscada, na minha opinião). Dizia-se aos passageiros ou que o trem acabara de partir ou que já partira havia algum tempo. A outros, perguntava-se como imaginavam que se sentiriam se tivessem perdido seu transporte por uma pequena margem de tempo ou por um intervalo maior. O mesmo padrão de resultados foi encontrado: a amplitude da margem influenciou a sensação de arrependimento antecipada, mas não quanto remorso de fato as pessoas sentiram.

A principal conclusão dos pesquisadores é a de que o remorso em geral não é tão grave quanto antecipamos. Imaginamos que nos sentiríamos realmente mal se algo desse errado por pouco, comparativamente a fracassarmos por uma margem mais ampla. Isso não se confirma na realidade, entretanto. A amplitude dessa margem influencia apenas o remorso antecipado, não o arrependimento de fato.

Para a equipe de Gilbert, não se trata de um fenômeno trivial, pois, no cotidiano, muitas pessoas "se inclinam a alternativas onde não haja a possibilidade de arrependimento, mesmo que resultados negativos sejam possíveis, evitando essa possibilidade, ainda que desdobramentos ruins sejam pouco prováveis." Uma estratégia assim só faria sentido se nossas previsões em relação à intensidade do arrependimento fossem acuradas, mas vimos que esse não é o caso.

Esse estudo interessante sugere que não nos conhecemos de forma tão precisa, tampouco identificamos, tanto quanto imaginamos, como nos sentiremos em certas situações. Muitas pessoas têm a vida ofuscada pelo remorso: "Se eu tivesse feito isso, se eu tivesse feito aquilo." Essa turvação da visão as leva a fugir de certas decisões.

No que diz respeito a possíveis limitações, duas questões óbvias saltam aos olhos nessa pesquisa. A primeira delas é a natureza das tarefas utilizadas nos experimentos. Seriam elas capazes de gerar o tipo de remorso que pode realmente debilitar alguém? Pode-se pensar que avaliar os preços de uma lista de itens de supermercado ou perder um trem por poucos segundos não são experiências que causam o nível de remorso por que passamos em nossa vida. Em segundo lugar, o nível de arrependimento expresso pelos voluntários foi aquele sentido três minutos após se equivocarem em relação aos preços ou perderem o trem. O remorso, por outro lado, é uma emoção tão insidiosa que parece dispor de vontade própria para nos atormentar. Ele surge em momentos imprevisíveis e pode se prolongar por longos períodos de tempo. É uma questão importante saber se ele pode de fato ser mensurado num intervalo fixo.

- Não temos boa capacidade para predizer o quanto nos arrependeremos em dada situação.
- Não permita que o medo de se arrepender iniba sua vida.

CAPÍTULO 5
CRIANDO INTIMIDADE

Não basta conquistar. É preciso saber seduzir.
Voltaire, *Merope*, 1743

COMO USAR O RISO PARA LEVAR ALGUÉM PARA A CAMA

É possível usar o riso para levar uma mulher para a cama. Conte uma história engraçada ou uma piada com um final muito mais divertido do que ela espera. O segredo reside em buscar formas para ampliar aquele hiato psicológico entre o que a pessoa espera da piada e o que de fato obtém. É a natureza inesperada da conclusão que tem grande impacto sobre o cérebro feminino, afetando as vias neurais ligadas à recompensa.

Portanto, para que o riso o ajude a levar uma mulher para a cama, é preciso saber usar essa brecha entre expectativa e resultado. Diga, por exemplo, que você não é uma pessoa engraçada e então solte uma observação altamente espirituosa. Uma piada realmente divertida que ninguém conheça pode também desempenhar o mesmo papel, ainda que não contenha igual quantidade de esforço criativo de sua parte.

Uma piada já conhecida não funcionará, pois isso permitirá que a pessoa antecipe se o final será engraçado, mesmo que não se lembre dele. É muito mais difícil, entretanto, usar o riso para levar um homem para a cama, pois eles parecem ter expectativas muito mais elevadas em relação a casos ou piadas.

Vejamos a base científica dessas afirmações. É uma crença comum a ideia de que as mulheres de fato acham atraentes homens que as fazem rir. O senso de humor masculino e a habilidade para causar riso são atributos quase sempre bastante apreciados por elas. A razão para isso é, via de regra, entendida a partir de um mecanismo psicológico simples: o humor demonstra e sinaliza autoconfiança. E as mulheres preferem homens confiantes porque, de um ponto de vista evolucionário, isso deve refletir algo de positivo em relação ao êxito desses indivíduos em termos reprodutivos.

O oposto, entretanto, não se revela verdadeiro. O humor feminino não parece ter o mesmo efeito sobre os homens – é dito, inclusive, que comediantes do sexo masculino são vistos como sexualmente atraentes, de uma maneira que comediantes mulheres não o são.

Estudos feitos por Eiman Azim e seus colegas da Universidade de Stanford, analisando nossa resposta cerebral a material humorístico, podem nos ajudar a compreender o motivo dessas diferenças sexuais na apreciação e reação ao humor, bem como nossa resposta psicológica em relação a quem conta a piada.

Segundo os pesquisadores, há dois processos básicos envolvidos na apreciação do humor: em primeiro lugar, aqueles relacionados à compreensão e busca de sentido ("Ah, entendi a piada!"), e, em seguida, o próprio ato de se divertir e as emoções positivas ligadas a ele ("Muito boa essa piada. Ha! Ha! Ha!").

Os cientistas tomografaram o cérebro de voluntários saudáveis enquanto liam uma série de charges, algumas engraçadas, outras não. Os participantes deveriam apertar um botão sempre que se divertissem com o que viam. Descobriu-se que o entendimento do conteúdo estava associado às áreas do cérebro conhecidas como junção têmporo-occipital e polo temporal. O córtex pré-frontal também está envolvido no processo, pois é responsável por gerir a resposta ao material que chega. A sensação de divertimento e as emoções positivas remetem a uma porção distinta do cérebro conhecida como sistema mesolímbico de recompensa e, dentro dele, especificamente às vias dopaminérgicas de recompensa.

Os resultados mostram que, ao escanearmos o cérebro de homens e mulheres enquanto leem charges sem falas, o polo temporal e a junção têmporo-occipital esquerda são ativados, tanto em homens, quanto em mulheres.

No caso delas, entretanto, entram em cena, de forma mais proeminente, regiões cerebrais específicas, especialmente o córtex pré-frontal esquerdo, o que sugere um maior acionamento de funções executivas – aquelas essenciais para a compreensão das charges, como memória, abstração verbal e a filtragem de material irrelevante. Em outras palavras, o cérebro feminino trabalha mais sobre os conteúdos que recebe. Elas também mostram uma ativação mais intensa da região mesolímbica, ligada a recompensas, e por isso se divertem mais.

Segundo Azim et al., "essa restrita região cerebral está implicada nas recompensas psicológicas, incluindo situações de felicidade, no recebimento de recompensas monetárias, no processamento de rostos atraentes e na euforia induzida por cocaína." Essa reação foi verificada inclusive no caso de charges avaliadas como igualmente engraçadas por homens e mulheres.

O autor continua afirmando que, "mesmo charges avaliadas como igualmente divertidas são processadas de formas diferentes, logo, os padrões de atividade observados podem propiciar descobertas interessantes sobre diferenças de gêneros em relação ao humor em nível neural." Dito de outra forma, o cérebro feminino processa material humorístico diferentemente do masculino, fazendo com que as mulheres obtenham uma maior recompensa quando a piada chega ao fim.

Portanto, como usar o riso para levar uma mulher para a cama?

É preciso trabalhar nesse hiato entre expectativas e resultados. Passe a impressão de que você não é um sujeito engraçado e, em seguida, comece a contar uma piada. Ela ficará provavelmente desanimada e estabelecerá expectativas muito baixas em relação ao resultado. Nesse momento, você a impressionará com um grande e inesperado final para sua história. O córtex pré-frontal dela será intensamente ativado, bem como seu sistema mesolímbico de recompensas, de uma maneira que ela não considerava possível. É como euforia induzida por cocaína. O resto é com você.

Nesse terreno novo da pesquisa científica, as tecnologias de imageamento vêm nos mostrando como o cérebro realmente funciona no processamento do mundo à nossa volta. De forma intuitiva, sempre soubemos que homens e mulheres reagiam de formas diferentes a situações engraçadas. Hoje sabemos um pouco mais sobre a possível natureza, em termos neurais, dessas distinções de gênero.

Em que medida os resultados expostos podem ser generalizados?

Essa é uma questão importante porque nem todas as formas de humor demandam os tipos de atribuição de sentido muitas vezes necessários para charges mais sofisticadas.

O que ocorre, afinal, em nosso cérebro, quando processamos histórias engraçadas, como as que escutamos em mesas de bar ou restaurantes?

Não fazemos ideia, mas há motivos para otimismo. É possível supor que as baixas expectativas femininas em relação ao conteúdo de piadas ou casos sejam ainda mais significativas nesses contextos, de forma que aquele final inesperadamente hilário pode ser ainda mais eficaz nessas situações.

- Homens divertidos são sensuais para as mulheres.
- O sistema mesolímbico de recompensas nas mulheres é ativado de forma mais intensa quando o cérebro processa conteúdos engraçados.
- Os homens constroem expectativas demasiado elevadas em relação ao final de piadas e histórias, e por isso se desapontam com mais frequência.

- As mulheres têm expectativas mais baixas em relação ao fim das piadas; por isso, elas se divertem mais quando ele é mais engraçado do que esperavam.
- Para usar o riso de forma a levar uma mulher para a cama, conte uma piada com um final mais engraçado do que o esperado.
- Outra opção é se retratar como um sujeito pouco engraçado para, em seguida, impressioná-la com uma piada hilária.
- O uso do riso para a sedução diz respeito, em essência, à exploração do hiato entre o que se espera e o que se recebe; quanto maior essa diferença, mais intensa a ativação do cérebro.

COMO FLERTAR DE MANEIRA MAIS EFICAZ COM UM PASSO MENTAL SIMPLES

Eis aqui uma dica simples para que você flerte com mais eficácia: encare o processo de outra maneira. Paquerar deve ser algo divertido – uma observação de que especialmente os homens precisam se lembrar.

As pesquisas demonstram que homens e mulheres enxergam o flerte e seu significado com base em mentalidades relativamente distintas. Para elas, flertar tem a ver com diversão e prazer, o que as leva a encararem a atividade como algo essencialmente lúdico.

Depois de atrair a atenção de um grupo de homens, a mulher se torna mais seletiva e pode escolher entre eles com base em informações adicionais, incluindo a forma pela qual se comportam e reagem numa situação de paquera. Além disso, para as mulheres, trata-se também de uma maneira sutil de alterar aos poucos a intimidade na relação entre duas pessoas.

Os homens tendem a encarar o assunto de forma bem mais séria, vendo-o, antes de mais nada, como algo diretamente ligado a sexo. Por isso, para flertar de modo mais eficaz, precisamos mudar nossa mentalidade e nos sintonizar com esse aspecto mais lúdico do processo.

As mulheres, por sua vez, precisam refletir mais sobre os sinais não verbais que levam a paquera de uma brincadeira a algo mais sério. Se pudéssemos, nós e elas, alinhar nossas visões em torno do significado do ato de flertar, o processo todo se tornaria muito mais prazeroso para os dois lados. Não obstante, são os homens que precisam mudar de forma mais radical sua forma de pensar.

É surpreendente que flertar represente algo tão problemático para tanta gente. Deveria ser algo divertido, mas a frequente dificuldade de interpretar intenções por trás dos comportamentos individuais muitas vezes faz com que o resultado seja o oposto. O risco de falhas de comunicação é constante nesse terreno – o sentido atribuído pelo receptor à mensagem nem sempre condiz com o significado pretendido por seu remetente. É comum ver mulheres reclamando de pequenas brincadeiras serem tomadas como convites sexuais explícitos. O problema é que muitos dos sinais utilizados num flerte – troca de olhares, passar a língua pelos lábios, jogar o cabelo etc. – são também formas de comportamento adotadas quando alguém de fato tem interesse sexual.

Há mais de quarenta anos, o psicólogo americano Albert Scheflen (1965) denominou essas atitudes de "comportamentos quase-nupciais". David Henningsen, da Universidade do Norte de Illinois, investigou as diferenças de gênero na percepção das motivações subjacentes ao flerte e identificou seis possibilidades:

Motivação 1	Desejo sexual
Motivação 2	Desejo de mudar a intensidade de uma relação; em outras palavras, flertamos para forjar relações mais íntimas
Motivação 3	Explorar o interesse de outra pessoa em relação a você, antes de qualquer decisão subsequente em torno do tipo de interação que se deseja

Motivação 4	Flertar para se divertir e porque é algo prazeroso
Motivação 5	Desejo de ampliar a autoestima, pois respostas positivas a flertes fazem-nos sentir melhor
Motivação 6	"Motivação instrumental": quando se flerta na expectativa de uma recompensa – por exemplo, de que alguém pague uma bebida num bar

Henningsen pediu a seus voluntários que imaginassem os tipos de comportamento adotados pelas pessoas em típicas situações de flerte e que anotassem todas as palavras utilizadas nessas interações, descrevendo ainda todas as ações não verbais associadas às conversas.

Em seguida, pedia-se a eles que repassassem esse roteiro detalhado, identificando todas as ações de flerte e assinalando, para cada uma delas, uma das seis possíveis motivações. Os participantes deviam identificar a razão principal de cada ato, ainda que, em certos casos, pudesse haver uma variedade de causas.

A análise revelou que os homens, de forma sistemática, atribuem mais intenções sexuais do que as mulheres, que, por sua vez, conectam de maneira predominante o flerte à busca de uma maior intimidade nas relações. Dito de outra forma, o estudo demonstra de maneira clara aquilo que muita gente já suspeitava: mulheres e homens leem de modo bastante distinto os sinais do flerte por enxergarem, por trás dele, motivações muito diferentes.

Henningsen aborda os resultados numa perspectiva evolucionária. Ele argumenta que as mulheres encaram o flerte de maneira mais lúdica porque isso as permitiria praticar diferentes estratégias de sedução, de maneira a determinar quais delas são mais eficientes. O motivo para tanto é que elas devem ser mais certeiras que os homens, pois precisam utilizar períodos mais prolongados de flerte, mantendo os homens interessados, de forma a obterem informações em relação a seus pretendentes.

Tendo isso em mente, como abordar um flerte?

O mais importante é se lembrar de que homens e mulheres paqueram com base em mentalidades muito distintas, e o êxito no processo de sedução depende, não apenas da convergência de comportamentos, mas da mente. Nós precisamos aprender que, para elas, o flerte é uma forma divertida, prazerosa e descomprometida de interação, enraizada em questões evolutivas. Se internalizarmos essa ideia básica, boa parte das falhas de comunicação desaparecerá naturalmente.

As mulheres devem se assegurar de que o flerte esteja sendo tomado como um jogo desde o começo, lançando mão de sorrisos, risadas e provocações, de forma a que o homem também encare o processo como diversão e nada mais. O uso mais intenso desses sinais – chamados de "metassinais" –, de forma concomitante ao diálogo, fará com que elas assumam um papel maior no direcionamento da interação.

Uma falha, no estudo de Henningsen, foi não mostrar exemplos filmados de comportamentos em situações de flerte para que os voluntários identificassem suas motivações. Seus participantes simplesmente anotaram e, em seguida, qualificaram sua própria lista de ações.

Um desdobramento interessante desse trabalho seria determinar a forma pela qual mudanças sutis nas atitudes que acompanham os diálogos em situações de sedução – os metassinais – podem afetar a identificação de suas motivações.

Existe sempre a possibilidade de que homens e mulheres interpretem os sinais lúdicos e sutis do flerte de maneira bastante diferente e, imediatamente, tirem conclusões equivocadas sobre suas motivações. Em síntese, ainda há muito o que pesquisar nessa área, antes que possamos entender completamente por que as intenções de homens e mulheres colidem com tanta frequência no que diz respeito à sedução.

- Para flertar de forma mais eficaz, lembre-se de que homens e mulheres abordam o processo de sedução de formas diferentes.
- As mulheres têm maior tendência a encarar a paquera como mera diversão.
- Os homens deveriam se conectar a esse componente lúdico do processo e desfrutar dele de forma diferente; flertar não precisa ser algo tão sério.

COMO GANHAR INTIMIDADE COM SEU PARCEIRO

É possível ganhar maior intimidade psicológica com seu parceiro ou parceira através do envio deliberado de sinais que, de forma inconsciente e sutil, sugiram sexo. Os resultados dessa exposição a estímulos libidinosos são uma maior franqueza, mais disposição para se sacrificar em benefício do outro, uma atitude mais cooperativa na abordagem de conflitos na relação e maior propensão para pensar sobre a intimidade.

Para forjar essa intimidade mais intensa, leve seu parceiro ou parceira a uma galeria. As obras de arte estimulam naturalmente nosso sentido estético. Além disso, entretanto, pode haver mais que uma mera sugestão de sexo em algumas delas. Folheie revistas junto com ele ou ela e observe os anúncios – alguns deles contêm mensagens sexuais que inconscientemente provocam a imaginação –, ou simplesmente vista uma peça de roupa utilizada na última vez que vocês foram para a cama – ela fará com que seu parceiro(a) se recorde de seus contatos íntimos mais recentes, resultando potencialmente no estímulo a certas partes do cérebro e, em consequência, num desejo de tornar a relação mais íntima.

Omri Gillath, da Universidade do Kansas, e seus colegas testaram essa hipótese de que o estímulo inconsciente ao interesse sexual seria uma forma para conseguir que as pessoas forjassem e mantivessem relações mais íntimas.

O ponto de partida teórico foi o conhecimento de que a secreção de oxitocina durante as preliminares e no próprio sexo não apenas produz sensações e emoções altamente recompensadoras, mas também ativa vias neurais ou cerebrais que intermediam a formação do afeto e de laços sociais. Essa afirmação, não obstante, deriva essencialmente de pesquisas com animais, nas quais a mensuração dos níveis desse hormônio é possível.

Gillath sugere que "essas descobertas dão suporte à ideia de que os estímulos e o comportamento sexual podem ser parte de um sistema que contribui para a formação e a manutenção de relações, o que levanta a possibilidade de que a exposição a estímulos sexuais motivará as pessoas, de forma implícita ou não, a iniciar e manter relações mais próximas."

De certa forma, isso não é tão surpreendente. Para a maioria das pessoas, o sexo e a intensidade de uma relação pareceriam intimamente ligados. O que se segue, entretanto, pode soar estranho.

Os pesquisadores conduziram cinco experimentos em que expunham os voluntários a estímulos neutros ou de caráter sexual para, em seguida, testar se ocorrera um aumento em sua tendência a buscar novas relações de intimidade e dar continuidade a elas.

Os cientistas examinaram - e isso é o mais extraordinário - se os estímulos tinham que chegar aos participantes pela via da consciência, ou se também funcionariam se apresentados por canais inconscientes, isto é, de maneira subliminar.

A pesquisa anterior do professor Gillath, utilizando técnicas de imageamento cerebral, mostrara que a apresentação subliminar de fotos de pessoas nuas estimulava uma ativação mais intensa de regiões cerebrais normalmente relacionadas à excitação sexual, ao orgasmo e à ejaculação – como o tálamo e a área sete de Brodmann. Essa exposição subliminar, entretanto, não resultou em ativação da parte desse órgão ligada ao controle de comportamento, isto é, o córtex frontal orbital. Aparentemente, seriam necessários estímulos conscientes para afetar essa região.

Na pesquisa em si, os participantes acreditavam que sua tarefa fosse decidir o quão similares eram dois nomes de peças de mobília. A apresentação desses nomes era antecedida por um rápido flash, na realidade um estímulo subliminar de conteúdo sexual (uma foto erótica) ou não (uma imagem abstrata) exibido durante trinta milissegundos.

No primeiro estudo, os pesquisadores avaliaram a disposição dos participantes em revelarem certas informações a seus parceiros românticos, dependendo de sua exposição a estímulos sexuais ou neutros.

O estímulo de natureza sexual "para as mulheres era a fotografia de um homem, bonito e nu, em posição reclinada e com a virilha mostrada em primeiro plano; para os homens, era uma mulher bonita enquadrada por trás, de joelhos e sem roupa." O estímulo neutro era uma imagem abstrata sem qualquer conteúdo sexual implícito.

Num segundo experimento, analisaram-se os efeitos de diferentes tipos de estímulos na disposição dos participantes em se sacrificarem por seu parceiro – em essência, a possibilidade de colocarem interesses pessoais em segundo plano, de forma a promover o bem-estar do outro.

No terceiro experimento, foram testados os impactos dos estímulos na possibilidade de acesso a pensamentos relacionados à intimidade. No último deles, observaram-se os efeitos sobre a abordagem utilizada pelos voluntários para a resolução de conflitos com o parceiro e, mais especificamente, sobre o tipo de estratégia usada: se positiva, como transigir, ou negativa, como tentar dominar e controlar a outra pessoa.

Os resultados são extraordinários, pois, em todos os experimentos, a mensagem sexual subliminar gerou uma maior disposição nos participantes para se abrirem e se sacrificarem pelo parceiro. O estímulo também propiciou uma preferência significativa por estratégias positivas para a resolução de conflitos e uma maior tendência ao contato com pensamentos ligados à intimidade: os voluntários se identificaram, de forma mais imediata, com afirmações relacionadas ao grau de intimidade de suas relações do que com outras de caráter neutro.

A pesquisa comparou ainda o impacto das mensagens subliminares àquele de imagens apresentadas numa duração conscientemente visualizável (500 milissegundos, ao invés de 30). Mais uma vez, o resultado foi surpreendente: o efeito das mensagens subliminares foi muito mais pronunciado – e de maneira igual, para homens e mulheres. Os cientistas demonstraram, ainda, que esse sugestionamento subliminar ocorria não apenas por meio do uso de imagens, mas também através da projeção de palavras, como "sexo", em durações infinitesimais que não eram captadas por vias conscientes.

As conclusões dessa pesquisa são bastante dramáticas, pois sugerem, nas palavras dos próprios pesquisadores, "que mesmo estímulos sexuais bastante primários e inconscientes – como a exposição subliminar à imagem de uma pessoa do sexo oposto nua em idade reprodutiva, ou ainda a uma palavra relacionada a sexo – estimulam o interesse em relacionamentos amorosos, levando as pessoas a se interessarem, ou efetivamente se engajarem, em comportamentos de busca ou manutenção de relações românticas mais prolongadas."

Os cientistas apontam isso como evidência das ligações estreitas entre os sistemas sexual e afetivo "essencialmente a serviço da reprodução e sobrevivência dos descendentes."

Sendo assim, segundo esse raciocínio, como conseguir que seu parceiro se interesse em aprofundar a intimidade de sua relação? Como fazer com que ele ou ela se abra e se exponha de forma mais pronunciada? Como levá-lo a deixar seus próprios interesses em segundo plano? Como estimulá-la a escolher estratégias cooperativas, ao invés de competitivas, para solucionar conflitos no relacionamento? E como conseguir que seu parceiro privilegie um olhar de intimidade?

A resposta parece ser usar sinais sexuais inconscientes. A menor sugestão de sexo afeta os circuitos neurais que alimentam essa conexão densa entre sexo e intimidade. E é possível conseguir isso sem que a outra pessoa sequer se dê conta.

Essa é uma descoberta impressionante que revela a relação direta entre nosso sistema sexual e nossa busca de conexão romântica com outras pessoas. Os estímulos subliminares atingiram o cérebro dos voluntários sem que eles tivessem consciência disso. Essas mensagens eram imagens e palavras exibidas de forma tão rápida que os participantes não podiam visualizá-las. Mesmo assim, um amplo conjunto de comportamentos foi afetado por essa recepção inconsciente.

A principal limitação desses estudos, entretanto, é que todas as mensurações são baseadas em relatos dos próprios participantes – é importante dizer que os autores do trabalho têm consciência desse problema.

"Como você interagiria com seu parceiro?"

"Até onde você consideraria a possibilidade de terminar seu relacionamento se ele o estivesse impedindo de prosseguir seus estudos?"

As medidas obtidas derivam de perguntas como estas e não de quantificações das mudanças de fato no comportamento. Os participantes relataram, assim, aquilo, por exemplo, que estariam dispostos a revelar a seu parceiro, ao invés de que se tenha observado o que realmente compartilharam após o experimento.

Não obstante, há um conjunto de estudos convergentes que demonstra o significativo papel da estimulação sexual subliminar na vontade de aprofundar a intimidade de uma relação. Num futuro próximo, tenho certeza, novas pesquisas agregarão medidas de comportamento de fato a esse modelo revelador.

- Conquiste maior intimidade psicológica com seu parceiro ou parceira, sugestionando-o(a) com sinais sexuais.
- Leve ele ou ela a uma galeria: de um lado, trata-se apenas de arte, mas em outro nível ele(a) estará exposto(a) a preocupações humanas mais básicas (prazer, sexo, desejo).
- Fomente essa proximidade psicológica vestindo algo que, inconscientemente, lembre sexo a seu parceiro ou parceira; para maior efeito, faça-o de maneira sutil, buscando vias inconscientes de sensibilização.

COMO FAZER COM QUE ALGUÉM GOSTE DE VOCÊ SEM QUE A PESSOA SE DÊ CONTA

Para conseguir que alguém goste de você logo no primeiro encontro, use um toque tão discreto de perfume que a pessoa não o perceba conscientemente. Aromas sutis geram uma resposta positiva que passa ao largo dos circuitos da consciência. Quando nos damos conta do perfume – "que perfume delicioso você está usando"–, o efeito não parece ser o mesmo.

Dessa maneira, quando for conhecer alguém, passe uma quantidade mínima, peça a uma amiga que a cheire e pergunte: "Esqueci de passar perfume?"

Se a resposta for positiva, a quantidade é provavelmente perfeita para produzir o maior impacto possível sobre a pessoa que você está prestes a encontrar.

Segundo Wen Li e seus colegas da Universidade North Western, em um estudo publicado em 2007, é possível ficarmos mais atraentes através de uma sutil sugestão aromática. Já sabemos, conforme outras pesquisas na área da psicologia, do efeito significativo de informações que atingem nossos sentidos abaixo do nível da consciência – isto é, das informações subliminares – sobre nossas reações a estímulos.

As pesquisas demonstram que a apresentação subliminar de imagens e palavras com conteúdo emocional pode afetar nossas preferências em relação àquilo que é mostrado logo a seguir. Wen Li e seus colegas testaram o impacto de estímulos olfativos sobre a avaliação de elementos que se seguiam a eles. Os pesquisadores levantaram essa hipótese em função da estreita conexão entre o sistema olfativo e a região límbica do cérebro, dedicada às emoções e ao afeto.

No experimento, foram utilizados três aromas – cítrico ("limão"), anisol ("etéreo") e ácido valérico ("suor"), respectivamente tomados como agradável, neutro e desagradável. A cada rodada, os participantes eram convidados a cheirar um recipiente contendo um desses aromas – alguns dos vasilhames, entretanto, não tinham nenhum conteúdo –, devendo em seguida pressionar um botão que indicava se o recipiente continha ou não algum odor. Na sequência, o computador exibia um dentre oitenta rostos com expressão neutra e pedia-se aos voluntários que dissessem o quanto gostavam ou não daquela pessoa. As frequências respiratória e cardíaca dos participantes foram monitoradas.

Os resultados inusitados mostraram que a presença de odores aquém da possibilidade de captação consciente afetou a avaliação dos rostos exibidos. Aqueles mostrados logo após o aroma desagradável foram avaliados de forma mais negativa, quando comparados àqueles qualificados após o odor prazeroso. De outro lado, quando o cheiro no recipiente podia ser detectado de forma consciente, essa diferença não se mostrou significativa. Foi detectado um aumento na frequência cardíaca, como resultado da exposição ao odor ruim, mas sem qualquer relação com a percepção consciente.

Essa pesquisa oferece, portanto, sólida evidência do impacto de odores subliminares nas avaliações de empatia e sobre a frequência cardíaca dos indivíduos. A necessidade de que os estímulos olfativos sejam subliminares para afetar esse julgamento foi o resultado mais impressionante. Conforme dito pelos autores, "é na ausência da percepção consciente que os odores mais bem exercem seus efeitos."

Dessa forma, para que alguém goste de você logo de cara, simplesmente utilize a quantidade mais sutil possível de um bom perfume. Dose essa quantia para que o aroma não seja percebido conscientemente. Esse truque enviará um estímulo subliminar que afetará a resposta afetiva da pessoa, fazendo-a simpatizar-se com você.

O estudo evidencia mais eficácia dos aromas quando nos atingem aquém do nível da percepção consciente. Muita gente se desdobra para cobrir-se de perfumes caros, de forma a causar uma impressão duradoura. Não obstante, no caso dos aromas, menos seguramente significa mais.

A maior limitação da pesquisa reside em comparar somente um odor positivo, um neutro e um negativo. Com isso, não há como saber que aromas agradáveis seriam mais eficazes, nem por quê. Também não houve qualquer tentativa de investigar a combinação entre o aroma prazeroso e a pessoa que usa o perfume, algo que se suporia ser um elemento crítico em nosso cotidiano. Um perfume pode parecer incrível em determinada pessoa, mas não em outra.

Os autores concluem o artigo dizendo que "só podemos desejar que os aromas sutis que emitimos causem uma impressão positiva em outras pessoas." Creio ser possível uma maior assertividade: acho que precisamos ter certeza de utilizar odores muito discretos, de forma a estimular, da melhor maneira possível, nossos interlocutores, quando estiverem em jogo primeiras impressões.

- Torne-se mais atraente usando perfumes tão discretos e sutis que não sejam detectados conscientemente.
- Sugira ser alguém interessante por meio do uso de aromas muito sutis.

COMO TORNAR-SE MAIS ATRAENTE PARA OS HOMENS

Vestir roupas vermelhas torna as mulheres mais atraentes para os homens. Não se trata meramente de usar um vestido ou uma blusa vermelha. É possível ser bem mais sutil que isso.

Um conjunto de experimentos que exibia fotos de forma muito breve (cinco segundos apenas) demonstrou que os homens avaliam as mulheres como mais atraentes e mais desejáveis de um ponto de vista sexual contra um fundo vermelho do que diante de um cenário branco. Uma vez mais, a breve exposição à cor vermelha, sempre aquém de uma percepção consciente, afeta nossos julgamentos sobre outras pessoas.

A razão para tanto parece estar muito além da cultura e do fato de o vermelho simbolizar o amor em muitas sociedades por todo o mundo – por exemplo, nas rosas vermelhas, em corações, roupas íntimas etc. Ao contrário, pode haver uma base biológica para esse simbolismo. Muitas fêmeas de espécies primatas não humanas apresentam genitais avermelhados quando estão ovulando. Essa coloração se relaciona a níveis mais elevados de estrogênio, que incrementam o fluxo sanguíneo subcutâneo. Em outras palavras, a cor vermelha em fêmeas de primatas representa um claro indicador sexual para a atração dos machos.

Dessa maneira, para se mostrar mais atraente do ponto de vista sexual, use a cor vermelha, mas de forma sutil e discreta, para que o estímulo seja absorvido subliminarmente: uma pulseira de relógio, sapatos, um cachecol – quanto mais discreto, melhor.

Isso funciona sempre? É difícil afirmar. De forma interessante, entretanto, no mesmo conjunto de experimentos, breves flashes da cor vermelha não afetaram a percepção feminina em relação à atratividade de outras mulheres, tampouco se os homens as avaliavam como "interessantes", "gentis" ou "inteligentes". Em outras palavras, as exposições rápidas ao vermelho influenciam aparentemente apenas o desejo sexual e julgamentos sexuais positivos – e não julgamentos positivos mais genéricos.

Uma das perguntas feitas pelos psicólogos não deixa muita margem para ambiguidade nos resultados: "Você gostaria de ter relação sexual com essa pessoa (numa escala onde 1 significa 'definitivamente não' e 9, 'definitivamente sim')?" Os participantes do experimento mostraram-se mais dispostos a querer relações sexuais com a mulher da fotografia quando ela estava associada, de alguma maneira, à cor vermelha.

É evidente, entretanto, que uma imagem assim não representa a vida real. De que forma a exposição à cor vermelha interage com o impacto de outros elementos que também podem influenciar o desejo sexual? Não sabemos, mas enquanto isso, se estiver buscando sexo, compre aquele relógio com a pulseira vermelha.

- A atração sexual é influenciada por um conjunto de fatores inconscientes.
- A cor vermelha é um sinal inconsciente para o sexo nas mulheres.
- Os homens avaliam as mulheres como mais "atraentes" e mais "desejáveis sexualmente" quando imagens femininas são sutilmente associadas à cor vermelha.
- Utilize dicas sutis de vermelho para atrair homens; compre, por exemplo, um relógio com uma pulseira vermelha.
- Use o inconsciente para se fazer mais atraente ao sexo oposto!

CAPÍTULO 6
CASAMENTO E RELACIONAMENTOS

Se os casais não vivessem juntos, os
casamentos felizes seriam mais comuns.
Nietzsche, *Humano, demasiado humano*, 1878

COMO CONSTRUIR UM CASAMENTO FELIZ

A felicidade de um casamento depende fundamentalmente de sermos capazes de nos prevenir contra algumas atitudes que tendem a precipitar o fim de qualquer relação:

- postura crítica;
- postura defensiva;
- desdém;
- recusa à discussão.

Para que um casamento tenha êxito, é preciso ser menos crítico, muito menos defensivo, aceitar discutir e nunca demonstrar qualquer tipo de desdém. Este último tipo de comportamento é extremamente destrutivo e representa em geral um prenúncio da separação.

Como esposa, se quiser criticar seu marido – e quem não critica em algum momento? –, convém introduzir essa crítica de forma relativamente gentil e de maneira a tranquilizá-lo durante todo o processo.

Como marido, se sua mulher o critica, faça um esforço para ouvir e compreender o que está sendo dito, ao invés de se recusar a escutar e se fechar. As pesquisas apontam que demonstrações de desdém por parte do marido produzem um aumento na frequência de doenças infecciosas em mulheres. O desprezo, portanto, não acaba simplesmente com o casamento, mas ajuda também a dar cabo da mulher.

Segundo estudos feitos por John Gottman e seus colegas da Universidade de Washington, um casamento feliz e um relacionamento estável podem ser facilmente identificados por certos indicadores básicos de interação e comportamento.

Nos últimos trinta anos, Gottman vem pesquisando os tipos de comportamento que caracterizam casamentos felizes, comparando-os a relacionamentos que acabam em divórcio. Ele escreveu vários livros importantes e influentes sobre o assunto, todos com títulos sinistros como "Prenúncios do Divórcio" e, ainda mais assustador, "A Matemática do Divórcio".

O que diferencia o trabalho de Gottman são sua análise detalhada e a identificação de fato dos elementos associados a relações estáveis. Através dessa cuidadosa abordagem observacional, ele pôde avaliar outros métodos de análise do casamento que não produzem os mesmos benefícios de seu detalhado escrutínio.

Existem, assim, diversos mitos e suposições em relação àquilo que torna feliz um casamento, incluindo a ideia de que a raiva seria a gota d'água de qualquer relação. Segundo Harville Hendrix (1998), "a raiva, em qualquer de suas manifestações, é destrutiva para o relacionamento. Quando ela se expressa, a pessoa que recebe o ataque se sente tratada com crueldade, a despeito da existência de violência física ou não. Nosso velho cérebro não distingue tipos de armas."

Outra crença comum estabelece que a escuta, como expressão da empatia num relacionamento, seria um dos fatores mais importantes para sustentar um casamento frutífero. Por esse motivo, ela é a base de vários tipos de terapias de casal. Eles são ensinados – especialmente os maridos – a ouvir mais. A pedagogia inclui aprender a "dar atenção" a queixas e a parafrasear tais reclamações "de forma não defensiva", de maneira a "validar os sentimentos do reclamante".

Gottman, entretanto, iniciou suas pesquisas deixando de lado esse tipo de pressuposto em relação às características fundamentais de bons casamentos. Ele não partiu do princípio de que a raiva fosse necessariamente ruim, nem da ideia de que uma escuta mais ativa seria a panaceia para qualquer relacionamento. Começando do zero, Gottman decidiu analisar o que definiria, em termos de comportamentos e rotina, casamentos felizes e infelizes.

Suas descobertas foram de muitas formas surpreendentes e chocantes. Logo no começo, Gottman se deu conta de que a expressão da raiva não representava necessariamente um prenúncio de fracasso matrimonial. Ele também percebeu que uma escuta ativa era algo raro, mesmo nas relações mais felizes; encontrou, entretanto, certos tipos de comportamentos intensamente correlacionados ao sucesso ou fracasso de relacionamentos.

O método utilizado partiu do recrutamento de uma amostra de recém-casados que responderam a questões escritas contendo diversas medidas da satisfação matrimonial.

Na segunda fase da pesquisa, 130 desses casais foram convidados a um laboratório e filmados. A idade média dos maridos era então de 27 anos, a das esposas, 25. Uma vez por ano, seu estado civil era checado e a satisfação com o casamento, medida. Ao final do período de seis anos da pesquisa, dezessete divórcios haviam ocorrido.

Os casais foram filmados discutindo um problema que fosse objeto de continuada discordância entre os dois. Houve ainda aquilo que Gottman chamou de "sessões de revivência", durante as quais os casais resgatavam a discussão desse tópico de atrito. Os cônjuges debatiam o assunto por 15 minutos e, em seguida, assistiam à gravação em vídeo, devendo avaliar suas emoções durante a discussão, tanto em relação a si mesmos, como para o parceiro. As expressões emocionais de cada indivíduo eram analisadas, com foco na expressão facial, tom de voz e conteúdo do discurso. As cinco emoções positivas contabilizadas foram:

"Interesse"
"Validação"
"Afeto"
"Humor"
"Alegria"

As dez emoções negativas avaliadas foram:

"Repugnância"
"Desdém"
"Beligerância"
"Dominação"
"Raiva"
"Medo/tensão"
"Atitude defensiva"
"Lamuriar"
"Tristeza"
"Recusa à escuta"

A pergunta-chave da pesquisa era: Que tipos de demonstrações emocionais estão associadas a casamentos felizes e infelizes? E que tipos de demonstrações emocionais prenunciam rompimentos?

As análises mostraram que atitudes de "crítica" e "defesa", "desdém", "recusa a ouvir" e "beligerância", tanto de maridos, como de esposas, quando suficientemente intensas, representam prenúncios de separação, mas não necessariamente diferenciam casais felizes daqueles infelizes.

Demonstrações emocionais femininas de baixa intensidade de "lamúria, raiva, tristeza, dominação, repugnância, medo e recusa a ouvir" também prenunciam um divórcio, mas tampouco distinguem de forma segura relações frutíferas e infrutíferas. A expressão de raiva, contrariamente ao senso comum, não está associada a rompimentos e também não diferencia casamentos bons e ruins.

Em outras palavras, as expressões de raiva não devem preocupar demasiadamente quem procura um casamento feliz. Há outros tipos de emoções, entretanto, que devem ser objeto de maior atenção.

Gottman denominou ao quarteto "atitude crítica", "postura defensiva", "desdém" e "recusa a ouvir" de "os quatro cavaleiros do Apocalipse". Se essas expressões adentram seu campo de visão, preocupe-se pela sorte de seu casamento.

Para o autor, esses tipos de comportamento caracterizam alguns dos "padrões mais destrutivos" de relacionamento, com alto poder preditivo em relação ao destino de um casamento. De outro lado, a "escuta ativa", que é um componente tão importante da maioria das terapias de casal, mostrou-se, conforme o trabalho de Gottman, pouco frequente, mesmo entre os casais mais felizes e estáveis.

O trabalho avançou da identificação de elementos isolados de comportamento para uma descrição de sequências de interação que caracterizariam casamentos frutíferos e infrutíferos, bem como aquelas que prenunciam divórcios.

A principal delas foi descrita da seguinte maneira: "O padrão mais associado ao divórcio é o de um ponto de partida negativo trazido pela mulher, seguido pela recusa do marido em aceitar críticas da esposa, réplica negativa equivalente de baixa intensidade da parte dela, e ausência de tentativa de dissipação da negatividade de baixa intensidade pelo homem."

Esse é um padrão que cria uma espiral ascendente difícil de conter: a mulher expressa irritação, o marido bloqueia qualquer discussão usando sinais emocionais negativos, ela responde na mesma moeda e uma escalada se inicia. Em casais presos a esse tipo de padrão, há uma elevada probabilidade de divórcio.

Do outro lado, casamentos felizes e estáveis apresentaram "inícios de discussão suavizados pela mulher, absorção de críticas pelo marido, tentativas de dissipação de emoções negativas de baixa intensidade, uso do humor pelas mulheres para confortarem o esposo, e homens que tendiam a usar emoções positivas e estratégias de contenção para se tranquilizarem."

Dito de outra forma, nos casamentos mais frutíferos, a mulher aborda o tópico sensível de forma menos abrupta e faz uso do humor para abrandar as críticas e evitar que o debate saia de controle; o marido, por sua vez, lança mão de expressões emocionais positivas para manter seu próprio estado psicológico sob controle.

Uma descoberta crucial de Gottman é a que mostra como fundamental para a estabilidade do casamento a absorção de críticas pelos maridos. A reação inicial deles às propostas de discussão colocadas por elas parece vital.

Além disso, a análise das sequências comportamentais no casamento prediz não apenas a possibilidade de separação, mas também a ocorrência de doenças.

Foi demonstrado, por exemplo, que expressões de desdém estavam correlacionadas a um aumento de doenças infecciosas entre as mulheres – mas não entre os homens, o que é interessante.

Entre eles, a conexão entre conflito e doença está mais relacionada à questão da solidão. A análise de Gottman sugere que os homens têm maior tendência a se distanciarem nos relacionamentos quando ocorre estresse; e é esse afastamento que afeta a relação entre conflito e doença.

Voltamos à grande pergunta: como ter um casamento feliz? A resposta parece ser não se preocupar tanto com explosões de temperamento, mas sim com uma postura crítica, atitudes defensivas, manifestações de desdém e recusa a ouvir. O desprezo parece especialmente sério, pois não apenas contribui para destruir o relacionamento, mas também abala a parceira, deixando-a mais suscetível a doenças infecciosas.

O segredo de um relacionamento feliz e estável reside em não bloquear negativamente as críticas trazidas pela mulher. Do lado feminino, a chave parece estar em colocar essas críticas de forma suave e em utilizar o humor para abrandá-las – sem que, de outro lado, soem sarcásticas. Não permita que os quatro cavaleiros do Apocalipse e seu companheiro dileto, a beligerância, destruam qualquer possibilidade de esperança.

As pesquisas de Gottman suscitaram muitas discussões conhecidas. Em seus primeiros experimentos, foi avaliada uma amostra de quinze minutos para a predição da ocorrência de rompimentos. Análises subsequentes sugerem que um extrato de apenas três minutos pode ser suficiente. Esse limitado tempo, segundo a justificativa, é tudo de que se necessita para saber se um casamento terá êxito ou fracassará.

A pesquisa, entretanto, tem suas falhas. De forma estranha, o número de divórcios na amostra original foi pequeno. Além disso, todos os entrevistados eram oriundos de uma parte específica dos Estados Unidos. É preciso, portanto, bastante cuidado antes de fazer generalizações com base numa amostra tão limitada.

Dito isso, o trabalho de Gottman é estimulante e inovador por abordar as atitudes que caracterizam casamentos felizes e infelizes e relacionamentos fracassados, chamando atenção para as pequenas sequências de comportamento que constroem uma relação. Ele também nos lembra da necessidade de evitarmos nos deixar aprisionar em certos padrões de atitudes. Existem estratégias que podemos aprender, para dissipar a intensidade emocional.

Um problema com esses estudos, entretanto, é a possibilidade de que os comportamentos descritos sejam simplesmente sintomas de causas mais profundas. Uma incompatibilidade de fundo entre os cônjuges pode aflorar cotidianamente nessas sequências interativas. Somente o tempo e amostras bem maiores nos darão respostas definitivas.

Enquanto isso, da próxima vez que começar a sentir desdém por seu cônjuge, faça uma pausa e busque dissipá-lo, a menos que você tenha certeza de que deseja acabar com o relacionamento.

- Comportamentos rotineiros são indicadores de êxito ou fracasso no casamento.
- Postura crítica, atitude defensiva, desdém e recusa a ouvir são um prelúdio à separação.
- Demonstrações de desdém têm impacto físico e psicológico.
- As mulheres devem levantar críticas de maneira mais suave.
- Os homens precisam ouvir as críticas.
- Explosões de raiva não necessariamente apontam para o fim de um relacionamento.
- Escuta ativa no casamento é algo positivo, mas não fundamental.

COMO SABER SE SEU RELACIONAMENTO ESTÁ AMEAÇADO

Para saber se seu casamento ou namoro vai bem, preste atenção à maneira pela qual seu/sua parceiro(a) utiliza os pronomes para descrever a vocês dois. Há diferentes formas de utilizá-los:

primeira pessoa do singular – eu, mim, meu;
primeira pessoa do plural – nós, nos, nosso;
segunda pessoa – você, seu.

O uso da segunda pessoa é um mau sinal, indica certo negativismo no relacionamento, com excesso de críticas, discordância, justificativas e atitudes ruins. A utilização da primeira pessoa do plural é um ótimo indicador, pois tende a apontar para um relacionamento de compromisso e soluções positivas. Da mesma forma, uma alta frequência da primeira pessoa do singular é também um bom sinal, relacionado à satisfação com o casamento.

Rachel Simmons e seus colegas da Universidade da Pensilvânia avaliaram a relação entre as palavras usadas na interação entre casais e o grau de satisfação com o relacionamento. O estudo focou a utilização de pronomes na primeira e segunda pessoas.

Com base em estudos anteriores, a pesquisadora afirma que "parceiros com alto grau de comprometimento" tendem, ao descrever a relação, a usar a primeira pessoa do plural de forma mais frequente que "parceiros menos comprometidos". O uso da segunda pessoa reflete o estabelecimento de distância psicológica em relação ao outro.

Os pesquisadores gravaram 59 casais discutindo assuntos cruciais para o relacionamento e mensuraram a satisfação com o casamento e a frequência relativa de pronomes na segunda pessoa do singular e na primeira pessoa do singular e do plural. A interação também foi quantitativamente avaliada para julgá-la como positiva ou negativa.

Descobriu-se que o uso da segunda pessoa era mais comum em interações negativas, enquanto pronomes da primeira pessoa do singular apareceram mais frequentemente em trocas positivas. A utilização da primeira pessoa do plural foi associada a esforços frutíferos na resolução de problemas, incluindo soluções construtivas e concessões. Em síntese, os pronomes a que recorremos parecem estar relacionados à qualidade da relação.

Evidentemente, o maior problema dessa pesquisa é que a escolha dos pronomes pode estar relacionada aos assuntos discutidos, não representando um indicador independente confiável da qualidade de uma relação. Os pesquisadores, entretanto, mostram-se claramente seguros da possibilidade de que "os indivíduos percebam e respondam ao uso de pronomes feito pelo parceiro, a despeito do conteúdo do discurso." Dito de outra maneira, poderíamos nos sentir ameaçados pelo tom vagamente acusatório do uso da segunda pessoa.

Não tenho tanta certeza.

- Os pronomes utilizados pelos cônjuges podem refletir a solidez e felicidade do casamento.
- O uso em excesso de pronomes na segunda pessoa do singular pode representar um indicador negativo – seu tom soa acusatório.

- O uso da primeira pessoa do plural é um sinal positivo, pois reflete compromisso e busca de soluções construtivas para problemas.
- O uso da primeira pessoa do singular também é um bom indicador, pois sugere responsabilidade pessoal.

COMO SER JULGADO DE FORMA MENOS RIGOROSA

Saber escolher o momento ideal para revelar suas culpas pode resultar em julgamentos menos rigorosos da parte de outras pessoas. O segredo reside em revelá-las logo após seu interlocutor lavar as mãos – por exemplo, antes do jantar.

Pesquisas mostram que julgamentos morais não são influenciados apenas pela razão e por decisões conscientes. Eles dependem também de fatores intuitivos e de condições ambientais. Não por acaso, descrevemos atos imorais como "nojentos". Parece haver uma conexão entre julgamento moral e aspectos físicos do comportamento.

Psicólogos já demonstraram isso expondo voluntários a odores ruins ou submetendo pessoas a trabalhos em ambientes desagradáveis para, em seguida, avaliar a severidade de seus julgamentos morais. As condições físicas do meio parecem afetar essas avaliações.

Simone Schnall e seus colegas da Universidade de Plymouth analisaram as respostas de indivíduos a seis dilemas morais especialmente perturbadores, incluindo comer um cachorro morto, mudar os trilhos de um vagão para matar um trabalhador, ao invés de cinco, e usar um gatinho para se excitar sexualmente.

O grupo de cientistas preparou os participantes do experimento pedindo que formassem frases a partir de palavras neutras ou relacionadas a limpeza: "puro", "lavado", "limpo", "imaculado", "intocado".

O estudo mostrou que, quando estimulados por palavras relacionadas a limpeza, os voluntários atribuíam notas mais baixas ao julgar a imoralidade dos vários dilemas. Assim, por exemplo, "comer um cachorro morto" obteve uma avaliação média de 6,55, quando os participantes foram estimulados por palavras neutras, numa escala em que zero significava "absolutamente moral" e nove representava "absolutamente imoral". Quando tiveram que formar frases com termos relacionados a limpeza antes de efetuarem seus julgamentos, a média final foi de 5,7.

O uso de um gatinho para se excitar sexualmente obteve 8,25, após o uso de palavras neutras, e 6,7, comparativamente, com o emprego anterior de palavras ligadas a asseio.

Em ambos os casos, as notas foram significativamente mais baixas, denotando julgamentos morais menos severos. Em outras palavras, os participantes do experimento consideraram os dilemas morais menos sérios após a ativação inconsciente em seu cérebro de ideias de limpeza.

Num estudo subsequente, os pesquisadores avaliaram o impacto de permitir que as pessoas lavassem as mãos antes de fazer um julgamento moral. Os resultados foram semelhantes: de mãos limpas, os julgamentos foram menos duros.

A conclusão dos psicólogos foi de que "a pureza física pode fomentar intuições de base para o julgamento moral da qualidade de determinadas ações." Dessa maneira, para aliviar sua consciência e tirar um peso de seus ombros, faça sua confissão logo após uma faxina, no momento em que seu parceiro acaba de lavar as mãos, e nunca num ambiente realmente sujo – a menos que você realmente deseje sofrer.

- Julgamentos morais são afetados por fatores inconscientes, incluindo aspectos do ambiente físico.
- Julgamentos morais tendem a ser menos severos quando o cérebro é influenciado por pensamentos relacionados a limpeza.
- Faça confissões sempre num ambiente limpo.
- Confesse seus segredos logo após seu parceiro lavar as mãos.

COMO SABER SE SEU CASAMENTO ESTÁ FADADO AO DESASTRE

É possível descobrir se seu casamento está fadado ao desastre conversando com seu/sua parceiro(a) sobre seus primeiros tempos juntos – reminiscências de quando se conheceram e flertaram, do dia do casamento, os vestidos das madrinhas, o pai da noiva emocionado no altar.

Em seguida, coloque-se do lado de fora e reflita sobre o conteúdo da conversa: Como se falou sobre o casamento? Qual foi o foco?

Fatores externos	"No final das contas, foi uma decisão da sua mãe" "Achei que você estava grávida, não tive escolha" "Achei que ajudaria minha carreira"

ou

Fatores internos	"Eu realmente te amava" "Eu não queria ficar longe de você" "Eu estava tão feliz que te pedi em casamento"

E os primeiros tempos? Foram um enfrentamento conjunto das adversidades ou uma história de desapontamento? É uma narrativa de desafios encarados por duas pessoas agindo juntas ou um conjunto de decepções e separação? Uma história sobre "nós" ou "eu e você"? Quanta ternura há no relato? Os sentimentos de orgulho compuseram a história de forma natural e sem esforço ou as emoções positivas foram notadas principalmente por sua ausência?

A forma pela qual um casal contextualiza e narra seu encontro inicial e os primeiros anos juntos é um indicador razoável do curso futuro do casamento. Se há mais indicações negativas que positivas, pode ser hora de fazer um balanço. Mas lembre-se: sempre é possível consertar uma relação.

Segundo John Gottman, uma das formas mais seguras para determinar o estado de um casamento é escutar um relato dos cônjuges sobre o passado em comum. Nas suas palavras, "quando um casamento chegava ao fim, percebíamos que marido e mulher rememoravam seus momentos iniciais juntos de forma negativa."

A memória de decepções e desfeitas pretéritas é intensificada. O olhar terno que se tinha sobre a primeira vez que dançaram juntos ou o dia que compraram as alianças é agora obscurecido pelo tom áspero que recobre insatisfações presentes – a noiva que aparece embriagada ou a briga, tarde da noite, por conta de palavras no convite de casamento.

O essencial reside no fato de que uma visão negativa em relação ao passado representa um dos primeiros sinais de problemas no relacionamento. É melhor começar a reescrever a história antes de perceber que seu casamento está ameaçado.

Gottman analisou 56 casais, apresentando a eles um amplo conjunto de questões sobre sua história, incluindo os primeiros dias da relação: como haviam se conhecido, como ficaram juntos e como superaram os obstáculos que encontraram.

Quando foi entrevistado pela primeira vez, nenhum dos casais tinha planos de se separar. Três anos depois, entretanto, 15% deles tinham se divorciado, e Gottman notou certos aspectos interessantes em relação à maneira como conversavam sobre o passado.

Há um conjunto significativo de elementos a serem observados: certos casais encaram seus primeiros tempos "como uma época confusa e cheia de incerteza e ansiedade", vendo o fato de terem terminado juntos como essencialmente estressante e "quase fortuito". Para Gottman, esse é um indicador bastante negativo.

Quando atribuímos o casamento a causas externas, como pressão financeira ou gravidez, o prognóstico tampouco é positivo. Em termos psicológicos, chamamos isso de "imputações externas", isto é, explicar um evento em função de questões exteriores, e não interiores – como, por exemplo, "eu simplesmente queria me casar", cuja ênfase recai sobre alguém ativamente tomando decisões.

Casais que terminaram por se divorciar também encaravam seus primeiros tempos mais como fonte de decepção do que de orgulho pela superação de dificuldades. Quanto mais um casal relata o início da relação como "uma parceria" em que trabalharam juntos – como dizendo que, "quando nos mudamos, arrumávamos nós dois a casa"–, maior a probabilidade de que o casamento dure.

De forma pouco surpreendente, Gottman observou que os maridos em casamentos mais estáveis falavam com maior ternura da esposa. Segundo ele, esses indicadores têm alto pode preditivo: "100% das vezes, conseguimos prever que casais [se divorciariam] com base unicamente em suas respostas a nossas perguntas, feitas três anos antes, sobre a história do casamento!"

É interessante observar esses aspectos do discurso que antecipam, com largo intervalo, um evento negativo. Parece crucial que busquemos esses indicadores de que uma relação possivelmente não seja tão sólida quanto imaginamos.

Em suas pesquisas, Gottman identifica uma série de características, mas não fornece caminhos para avaliarmos sua importância relativa. O que pesa mais? Uma sensação de responsabilidade pessoal ou a idealização das dificuldades dos primeiros tempos?

Imaginemos, por exemplo, que alguém tenha sido pressionado a se casar pelos pais da namorada – essencialmente, portanto, uma imputação externa –, mas tenha, de outro lado, uma visão romântica da superação das dificuldades iniciais, a despeito da falta de dinheiro nos primeiro anos. Isso seria melhor ou pior do que tomar a responsabilidade do casamento para si – "Eu realmente queria isso" –, mas sem uma interpretação tão romântica da época ("a gente não tinha nenhum dinheiro, tudo era horrível")?

Gottman não fornece maneiras para estabelecermos pesos relativos para cada um desses fatores, mas oferece detalhes que valem a pena observarmos. A pequena amostra desses estudos também representa um problema, dificultando extrapolações. Apenas sete casais, ao final do experimento, haviam se separado.

- É possível dizer se um casamento está ameaçado por aquilo que os cônjuges dizem quando rememoram juntos os primeiros tempos do relacionamento.
- O relato sobre o começo da relação é positivo ou negativo? Esse é um sinal importante.
- O início do relacionamento é visto como estressante e caótico? Isso não é bom sinal.
- Ambos afirmam que fatores externos levaram ao casamento? Esse também é um indicador ruim.
- Lembre-se: nunca é tarde para consertar um casamento, mas é preciso compreender os sinais de aviso.

COMO SE DESCULPAR

O segredo de um pedido eficaz de desculpas está em ser recebido como sincero. Para isso, ele deve conter vários ingredientes fundamentais.

Quem pede desculpas precisa ser percebido como franco, e a chave para tanto está na forma como a parte falada da mensagem é transmitida.

No que diz respeito ao ritmo, ao padrão de pausas e expressões faciais concomitantes, o pedido não deve soar apressado demais. Elementos de preenchimento do discurso, como a repetição de palavras, podem ser utilizados, de forma a reduzir a velocidade. Dessa maneira, "Eu sinto muito, muito mesmo" é em geral melhor do que simplesmente "Sinto muito". Se essa parte do pedido acontece demasiadamente rápido, ele pode parecer calculado e, portanto, pouco espontâneo e honesto.

No que diz respeito a expressões faciais, o contato visual deve ser buscado, pois parte da função do pedido de desculpas é fazer com que a pessoa que o recebe se sinta melhor, o que torna importante o estabelecimento de uma conexão.

O conteúdo deve incluir um conjunto de elementos diferentes, entre eles:

- Uma expressão de remorso ou tristeza em relação às ações cometidas – por exemplo: "Sinto muito, muito mesmo".
- Um reconhecimento de responsabilidade – por exemplo: "Sei que fiz uma coisa errada".
- Uma promessa de não recorrência – por exemplo: "Prometo que isso não vai se repetir".
- Uma oferta de reparação – por exemplo: "Vou te compensar por isso".

A ausência de qualquer desses componentes afeta a maneira pela qual o pedido é percebido. Quanto mais elementos faltam, maior a possibilidade de o receptor acusar a pessoa que se desculpa pelo que foi feito, e mais intenso seu desejo de puni-la.

Dessa forma, para um pedido eficaz de desculpas, inclua os quatro elementos acima e monitore a transmissão da mensagem – calma e controlada, mantendo sempre contato visual.

A principal pesquisa em torno dos elementos essenciais de um pedido de desculpas foi realizada por Steven Scher, da Universidade do Leste de Illinois, e John Darley, da Universidade Princeton (1997). Os dois avaliaram de forma detalhada quatro dos componentes principais de um pedido de desculpas:

Expressão de remorso	} "Sinto muito"
Reconhecimento de responsabilidade	} "Sei que fiz algo errado"

Promessa de não recorrência	"Prometo que isso não vai se repetir"
Oferta de reparação	"Se há uma forma de te compensar pelo que ocorreu, por favor, me diga"

Os pesquisadores apresentaram aos voluntários do experimento um relato sobre alguém que deixara de cumprir uma importante promessa feita a um amigo. Nessa história, o personagem principal se comprometera a telefonar para passar ao amigo informações cruciais relativas a uma entrevista de emprego. Ele se esqueceu do combinado e ligou apenas vários dias depois.

Os participantes recebiam relatos que podiam ou não conter expressões de remorso, responsabilidade, promessa de não recorrência e oferta de reparação. Após a leitura, eles avaliavam até que ponto o personagem se sentira mal pelo ocorrido, o quanto o culpavam pelo que fizera e em que medida o condenavam por seus atos.

Os resultados do estudo mostraram que os elementos incluídos num pedido de desculpas "têm efeitos evidentes e independentes sobre o julgamento que é feito em relação à pessoa arrependida. Cada um deles parece ter um impacto cumulativo na avaliação da sinceridade, na imputação de culpa e sanções e ainda na avaliação do caráter." Em outras palavras, os quatro componentes desempenham um papel e são muito importantes para o sucesso do pedido de desculpas.

Dessa forma, para desculpar-se de forma eficaz, certifique-se de expressar remorso, assumir responsabilidade, prometer não incorrer novamente no mesmo erro e de se oferecer para compensar o outro de todas as maneiras possíveis. Quanto mais desses elementos estiverem presentes, maior a possibilidade de êxito.

A principal limitação desse trabalho é usar apenas um cenário. É possível, portanto, que nem todos os pedidos de desculpa exijam cada um dos quatro elementos. Existem atos equivocados que não poderiam ser reparados mesmo que nos esforçássemos ao máximo? O pedido de desculpas é menos válido nesse caso? O que a pesquisa de fato nos mostra são os múltiplos componentes desses pedidos verbais, lembrando-nos da importância de incluir o maior número deles possível.

- Pedidos de desculpas devem soar sinceros; para tanto, verbalize-os de forma lenta e refletida e mantendo contato visual para se mostrar verdadeiro.
- Bons pedidos de desculpas incluem quatro componentes essenciais: remorso, responsabilidade, promessa de não repetição e reparação.
- Certifique-se, ao fazer um pedido de desculpas, de incluir os quatro componentes; quanto mais desses elementos estiverem presentes, mais eficaz será seu pedido.

COMO CONSEGUIR QUE SEU PARCEIRO(A) FAÇA A FAXINA

Para conseguir que alguém faça a limpeza da casa, espalhe um aroma sutil de desinfetante cítrico nas áreas mais importantes. Dose a quantidade para que o cheiro não seja forte, nem óbvio demais. Esse odor discreto influencia ideias, planos e ações, levando a pessoa a pensar mais prontamente em produtos de limpeza. Ao perguntar quais são seus planos para o dia, há uma maior tendência de que ela inclua a faxina como uma de suas atividades. Da mesma forma, é mais provável que a pessoa passe a cuidar melhor dos ambientes que suja. Esse é um exemplo de estímulo inconsciente do comportamento.

Rob Holland e seus colegas da Universidade Radboud, em Nijmegen, na Holanda, sugerem que os odores podem estimular tanto planos, quanto comportamentos, invocando certas associações e guiando as atitudes.

Os autores citam um estudo clássico realizado por Bargh, Chen e Burrows (1996). Nesse experimento, que incluía uma tarefa denominada “Teste da Frase Embaralhada”, os voluntários recebiam uma lista de cinco palavras com as quais deviam formam frases compostas por quatro delas.

Essas sequências de cinco termos incluíam:

- Sapatos/deu/substitua/velhos/os
- Céu/o/completamente/cinza/está
- Deveríamos/agora/desistir/caducos/nós
- Vamos/bingo/cantar/jogar/nós
- Sol/O/temperatura/uvas/enruga

Tente você mesmo. É bem fácil. Algumas das possíveis frases seriam:

Substitua os sapatos velhos.

O céu está cinza.

Nós deveríamos desistir agora.

Nós vamos jogar bingo.

O Sol enruga uvas.

Nesse estudo, Bargh e colaboradores sugestionaram de maneira eficaz os participantes através de palavras associadas à velhice, colocadas em cada uma das listas:

"Velhos"
"Cinza"
"Caducos"
"Bingo"
"Enruga"

Os voluntários supunham tratar-se de um simples teste de linguagem, mas foram na verdade sugestionados a pensar sobre a velhice. Em seguida, pedia-se a eles que caminhassem por um corredor no laboratório. Incrivelmente, descobriu-se que as pessoas que haviam recebido esse estímulo caminhavam de forma mais lenta.

Em outras palavras, o comportamento pode ser manipulado através do inconsciente. Holland e seus colegas se perguntaram se seria possível, por essa via, conseguir que alguém se dedicasse à limpeza.

A hipótese foi testada em três experimentos.

No primeiro deles, utilizou-se um teste denominado "Tarefa de Escolhas Lexicais", em que era preciso determinar se uma sequência de letras na tela de um computador compunha de fato uma palavra. O voluntário apertava botões correspondentes a "sim" ou "não" e o tempo dessa resposta, em milissegundos, era cronometrado.

Os pesquisadores observaram o efeito do sutil aroma cítrico de um produto de limpeza espalhado no pequeno cômodo onde o teste era realizado. Em alguns casos, as palavras exibidas relacionavam-se a limpeza – por exemplo, "faxina", "higiene" etc. –, em outros, não – "mesa", "computador" etc. Também se perguntou aos voluntários o que imaginavam ser o tema da pesquisa, bem como se haviam notado algum cheiro específico na sala, e qual seria esse odor, caso o tivessem sentido.

De forma espantosa, quando o cômodo fora aspergido com o perfume do desinfetante, as respostas às palavras relacionadas a limpeza foram mais rápidas que as do grupo de controle, para o qual a sala não continha qualquer odor. A demora média para pressionar o botão diante dessas palavras foi de 590 milissegundos quando havia o cheiro, contra 618 sem o perfume. O tempo de reação para identificar as palavras não ligadas a limpeza foi aproximadamente o mesmo nas duas condições. Essa diferença relevante foi produzida sem que os voluntários tivessem consciência do odor.

Num segundo experimento, mais uma vez os participantes foram divididos entre um cômodo com odor cítrico sutil e um cômodo de controle sem cheiro. Dessa vez, solicitou-se a eles que escrevessem quais seriam seus planos pelo resto do dia. Novamente, de forma extraordinária, as pessoas que executaram o teste na sala com cheiro discreto apresentaram uma tendência três vezes maior a listar tarefas ligadas à limpeza.

Parece, portanto, que a mera sugestão de um aroma de desinfetante afeta nossos pensamentos e planos. Ela influencia, entretanto, de fato nosso comportamento?

Essa pergunta foi testada em um terceiro experimento. Nele, mais uma vez, os participantes foram colocados no mesmo cômodo para, em seguida, serem levados a uma sala separada, onde deviam se sentar diante de uma mesa e comer um biscoito quebradiço. Uma câmera escondida gravava suas ações.

Os voluntários que haviam sido expostos ao cheiro de desinfetante mostraram uma tendência maior a limpar o farelo do biscoito sobre a mesa. Dito de outra forma, a exposição ao aroma de produtos de limpeza afetou pensamentos, planos e também o comportamento de fato, pois houve mais ações de limpeza entre as pessoas que passaram pelos cômodos perfumados. Tudo isso se deu sem qualquer consciência do odor, pois pouquíssimos participantes o notaram.

Esse é um conjunto sensacional de descobertas, que mostra, uma vez mais, a influência de estímulos inconscientes sobre nosso comportamento. Demonstrou-se a possibilidade de pessoas expostas a odores associados a limpeza reconhecerem palavras relacionadas a esse tema de forma mais rápida, de incluírem tarefas como faxina entre seus planos para o dia e ainda de se lançarem, efetivamente, em atividades dessa natureza com maior frequência.

Para quem deseja que seu parceiro(a) assuma a faxina, a lição parece evidente.

A principal limitação desse trabalho é não nos dizer se as pessoas se acostumam a esse cheiro e quanto tempo levam para isso. A estratégia funcionaria apenas se usada de forma comedida para evitar que o odor se torne habitual? Ou seu efeito inconsciente é constante a despeito da frequência de utilização? Essa é uma questão bastante concreta que ainda não tem resposta.

- É possível sugestionar de muitas maneiras as pessoas através do inconsciente.
- Sugestões inconscientes sobre velhice fazem com que as pessoas caminhem mais lentamente.

- É possível influenciar alguém a pensar sobre limpeza e arrumação, utilizando certos odores não percebidos de forma consciente.
- Espalhe um odor sutil de produtos de limpeza em certos cômodos para fazer com que seu/sua parceiro(a) "tenha a ideia" repentina de limpar aquele lugar e pare de discutir sobre tarefas domésticas.

COMO SALVAR UM RELACIONAMENTO

É possível salvar um relacionamento prestes a fracassar com um pouco de dedicação: surpreenda seu cônjuge, sacuda a poeira, imagine algo que ele ou ela realmente gostaria de fazer e evite armadilhas bobas.

Uma dessas armadilhas é o Dia dos Namorados, momento mais romântico do ano para muitos, o que se traduz em expectativas elevadas. Tenha cuidado.

Segundo Katherine Morse e Steven Neuberg, da Universidade do Estado do Arizona, "cônjuges que não cumprem expectativas podem ser facilmente comparados a centenas de outros que aparentemente as atingem com facilidade."

Esse grupo de pesquisadores se deu conta de que o Dia dos Namorados representa um importante catalisador para rompimentos. A tendência de términos de relacionamento nos dias ao redor dessa data é muito mais elevada, pois tendemos, nessa época, a pensar de forma crítica a respeito da relação. Com isso, se as expectativas naquele dia não se realizam, a decisão de rompimento ocorre comumente logo após.

Dessa forma, para dar continuidade a um relacionamento, surpreenda positivamente seu parceiro. Se o namoro ou casamento já está abalado, esforce-se para fazer isso no Dia dos Namorados. Caso contrário, as consequências podem ser drásticas.

- O Dia dos Namorados representa um campo minado para relacionamentos já abalados; ele é uma oportunidade para comparar desfavoravelmente sua relação a outras.

- Faça algo surpreendente e divertido no Dia dos Namorados de forma a agradar seu/sua parceiro(a) – do contrário, pode haver problemas.

COMO SE SENTIR MELHOR NO RELACIONAMENTO

Lembrar-se de perguntar ao cônjuge como foi o dia dele ou dela é um recurso simples que pode tornar uma conversa conjugal muito mais agradável.

Angela Hicks e Lisa Diamond, da Universidade de Utah, demonstraram que diálogos entre casais nos quais há a oportunidade de compartilhar as experiências mais positivas do dia têm um efeito emocional positivo, conforme as medições feitas a partir de um protocolo de monitoração denominado Programa de Emoções Positivas e Negativas.

Hicks e Diamond pediram a seus casais voluntários que mantivessem um diário durante três semanas seguidas, registrando as experiências mais positivas de cada dia e anotando se ela fora compartilhada com o cônjuge. O experimento estabeleceu avaliações de humor e fez também medições de reações cardiovasculares e neuroendocrinológicas.

Os resultados mostraram que homens e mulheres têm padrões bastante semelhantes quando falam dos bons acontecimentos cotidianos. As participantes incluídas na amostra revelaram 44% das vezes suas experiências diárias mais positivas ao parceiro; os participantes fizeram-no em 42% dos dias.

As cientistas também descobriram uma associação crítica entre esse compartilhamento e emoções significativamente melhores, ao fim do dia, para ambos os membros do casal.

Em resumo, o relato de boas notícias faz bem a quem fala e a quem ouve.

O conselho que se segue a essa pesquisa é muito simples: reserve tempo para escutar as experiências cotidianas positivas de seu parceiro ou parceira. Isso será benéfico para ambos.

- Lembre-se de perguntar a seu/sua parceiro(a) como foi o dia dele(a).
- Pergunte a seu/sua parceiro(a) sobre as coisas boas que aconteceram durante o dia.
- O simples compartilhamento ajudará os dois a se sentirem física e psicologicamente melhor.

COMO SABER SE SEU PARCEIRO ESTÁ MENTINDO

Observar o rosto não é o melhor caminho para detectar mentiras, pois ele emite sinais demasiadamente contraditórios. A face é uma grande fonte de informações – alguns psicólogos sugerem haver mais de duas mil expressões faciais; temos, entretanto, alto nível de consciência em relação ao que se passa em nosso rosto e, por isso, lutamos para mantê-lo sob controle quando mentimos.

Dessa forma, ao invés do rosto, observe as mãos. Quando conversamos, realizamos movimentos espontâneos e inconscientes com elas para ilustrar o que dizemos. Numa mentira, a frequência desses gestos cai. Não por outro motivo, quando faltamos com a verdade, tendemos a manter as mãos travadas para impedir que falem demais.

"Mãos silenciosas" em uma conversa são a primeira pista de que algo está errado. Esse é o momento de uma rápida olhada para o rosto do interlocutor em busca de mais informações para solucionar a dúvida. Mesmo assim, evite encarar a pessoa.

Os olhos não são a janela da alma, conforme se diz – são a rota de fuga para bons mentirosos escaparem com suas invencionices.

- Não existem sinais absolutamente seguros de que alguém esteja mentindo; há, entretanto, um conjunto de indicadores significativos.
- Quando mentimos, aparecem por vezes indicações da dificuldade para fabricar o relato, como pausas mais longas; ocorrem também sinais de desconforto emocional, como microexpressões negativas.

- Essas pistas dependem da gravidade da mentira e dos danos que ocorreriam se ela fosse descoberta; quanto mais graves, maior a probabilidade de aparecimento de micro-expressões de emoções negativas.
- É comum travarmos as mãos quando mentimos, de forma a inconscientemente inibirmos gestos denunciadores.
- Não observe os olhos de alguém para saber se a pessoa está mentindo; a maioria de nós, à exceção de mentirosos inexperientes, controla de forma muito eficaz o olhar quando mente, pois sabemos que o interlocutor monitora atentamente nossos olhos.

CAPÍTULO 7
TRABALHO

Somente o trabalho torna o pensamento saudável,
e somente o pensamento torna o trabalho feliz.
Por isso, não se pode separá-los impunemente.
John Ruskin, "*The Nature of Gothic*", *The Stones of Venice*, 1851-53

COMO CONTEXTUALIZAR ADEQUADAMENTE AS COISAS

Se você trabalha em um projeto e sente que está se concentrando excessivamente em detalhes, ao invés de focar o todo, assista a um trecho alegre de um filme água com açúcar. As emoções positivas induzidas afetam o processamento cognitivo do mundo ao redor e oferecem uma perspectiva mais ampla em relação às informações com que se está lidando. Será mais fácil e rápido contextualizar de forma adequada os elementos do projeto. Essa possibilidade foi demonstrada em 2005 por Barbara Fredrickson e Christine Branigan, da Universidade de Michigan.

A pesquisa partiu de uma questão absolutamente fundamental: por que, afinal de contas, temos emoções positivas? Felicidade, alegria, contentamento e serenidade podem ser coisas boas, mas para que servem?

Segundo os pesquisadores, a função de emoções negativas, como raiva, medo ou ansiedade, é bastante evidente em termos evolutivos. Elas nos preparam para respostas específicas, como lutar ou fugir, que em termos darwinianos significam a sobrevivência às batalhas cotidianas de vida ou morte.

Qual seria, entretanto, o sentido correspondente das emoções positivas? Para Fredrickson e Branigan, não há resposta, pois, ao contrário das situações do tipo lutar ou fugir, as ações associadas a emoções boas parecem mais vagas e pouco específicas – por exemplo, "liberdade de movimento" e "alegria", "inatividade" e "contentamento". Além disso, para elas, as emoções positivas com frequência carecem de conexão direta a reações autônomas ou corporais.

Não obstante, as pesquisadoras apontam uma hipótese: a possibilidade de que "muitas emoções positivas ampliem os repertórios momentâneos individuais de pensamento e ação, levando à abertura a uma gama mais vasta que o normal de ideias e ações – por exemplo, brincar, explorar, divertir-se e integrar-se."

Isso faz sentido em termos evolutivos, segundo elas, porque os padrões de pensamento e ação associados a emoções negativas funcionam bem em situações específicas de ameaça. De outro lado, "os repertórios ampliados das emoções positivas teriam propiciado adaptabilidade a longo prazo."

Essa capacidade adaptativa, em parte, se fundamenta na formação de capacidades pessoais. As pesquisadoras utilizam a palavra "capacidade" aqui de forma cuidadosa, ressaltando o sentido de ferramentas que intensificam nossa resiliência ao longo da vida.

Uma pesquisa de Danner e colaboradores (2001), citada pelas autoras, mostra que freiras idosas que haviam expressado de forma mais pronunciada emoções positivas em sua juventude – quando fizeram seus votos, na verdade – viveram em média dez anos mais que aquelas que não o fizeram. Em outras palavras, a experiência e a expressão de emoções positivas podem afetar nossa longevidade.

Quais são, entretanto, as evidências de que emoções positivas afetam de fato nossos padrões de pensamento? Para testar essa hipótese, Fredrickson e Branigan utilizaram um estímulo composto de três figuras – uma delas no topo, as outras duas, usadas para comparação, logo abaixo.

Aos participantes, cabia simplesmente determinar qual das duas imagens inferiores correspondia mais fielmente à do alto. Essas avaliações podiam tomar como base tanto a configuração global – por exemplo, o fato de que a figura principal tinha forma de triângulo –, quanto elementos mais específicos – como a observação de que a imagem se compunha de elementos quadrados. Quanto mais os voluntários se concentravam na configuração global, mais isso significava, para as pesquisadoras, um viés holístico de pensamento, o que, segundo elas, está associado a um alcance mais amplo da atenção.

O segundo experimento realizado foi um teste aberto de vinte frases. Pedia-se aos participantes que avaliassem suas emoções e, em seguida, escrevessem até vinte frases refletindo aquilo que gostariam de fazer naquele momento. Por exemplo, eu gostaria de...

"ir para a cama"
"fazer tarefas domésticas"
"nadar"
"fazer uma caminhada"
"olhar fotos antigas"
"me divertir"
"visitar meus amigos"
"bater em alguém"
"gritar pedindo ajuda"
"voar"

Para alterar o estado emocional dos participantes, as pesquisadoras exibiam filmes curtos, com apenas dois minutos de duração, em média. Esses vídeos mostravam pinguins com seu caminhar típico (divertido), campos e riachos (serenidade), abusos verbais e xingamentos (raiva e repugnância) e um acidente de escalada (ansiedade e medo).

As análises mostraram que os filmes que encetavam emoções positivas, isto é, aqueles que retratavam pinguins e campos e riachos, induziram um viés holístico no processamento, fomentando a comparação das figuras por meio de suas feições gerais. Além disso, após esses vídeos, os voluntários ofereceram uma quantidade maior de respostas no teste aberto de vinte frases do que logo depois dos filmes negativos.

Dito de outra forma, após os filmes alegres, os participantes se encontravam num estado de espírito adequado para buscar um conjunto mais amplo de atividades. De outro lado, com os filmes negativos – e, sobretudo, aquele que mostrava abusos verbais e xingamentos –, não havia muita disposição para várias delas.

Esse foi o primeiro teste experimental direto da hipótese de que emoções positivas têm uma função evolutiva – especificamente, nesse caso, relacionada a repertórios de pensamento e ação.

Ao nos colocarmos num estado de espírito positivo, ampliamos nosso repertório mental de atividades possíveis e tornamo-nos capazes de enxergar a realidade de forma mais abrangente, sem nos amarrarmos a detalhes.

Melhor de tudo, não é difícil buscar esse tipo de estado interior. Nesse caso, filmes de apenas dois minutos foram suficientes. Assim, da próxima vez que só conseguir enxergar o copo "meio vazio", ligue o aparelho de DVD e assista a algo divertido.

O mais empolgante em relação a esse trabalho é a abordagem de uma questão fundamental da psicologia: qual o significado evolucionário das emoções positivas? O pressuposto, evidentemente, é o de que, se não houvesse um propósito nesse sentido, tais emoções não teriam se desenvolvido.

Em seu estudo, os pesquisadores demonstraram que as emoções positivas parecem ampliar o espectro da atenção e os repertórios de pensamento e ação.

Preocupam-me, nesse caso, apenas as tarefas usadas nos experimentos. No exercício de comparação realizado, é fácil distinguir, sem ambiguidade, os dois tipos de viés empregados para cotejar as imagens. Como generalizar isso, entretanto, para tarefas nas quais olhar para um quadro mais amplo é bem mais difícil? O que ocorre quando não conseguimos avançar em uma dada tarefa e nos vemos incapazes de assumir essa perspectiva mais distanciada – as emoções positivas também funcionam aqui? E como saber, no segundo experimento, se as imagens de pinguins na Antártica, ou um filme com montanhas, campos e riachos, não teriam simplesmente levado as pessoas a pensar sobre natureza e todas as possíveis atividades ao ar livre? Em outras palavras, como saber se as respostas não teriam sido resultado mais direto de um estímulo a memórias?

Como de costume, no que diz respeito à psicologia, é preciso partir de algum lugar. Esses resultados são evidentemente muito interessantes e potencialmente importantes em função de sua aplicabilidade.

Assim, da próxima vez que se vir emperrado em alguma tarefa, faça uma pausa de dois minutos e assista a um filme alegre. Vale a pena tentar.

- A razão evolucionária das emoções positivas, como alegria, felicidade e contentamento, é permitir a formação de capacidades a serem mobilizadas quando necessárias.
- Emoções positivas nos fazem viver mais.
- Em situações de trabalho, emoções positivas nos auxiliam a contextualizar as coisas de forma mais adequada.
- Para escapar do aprisionamento a detalhes, assista a um filme alegre.

COMO SABER SE VOCÊ TERÁ ÊXITO NOS NEGÓCIOS

O sucesso nos negócios tem a ver com o tipo certo de personalidade. É simples e complexo assim. A probabilidade de êxito é maior se você é otimista. A boa notícia, por outro lado, é a de que é possível aprender a ser otimista.

Os otimistas são pessoas que enxergam o lado colorido da vida. De um ponto de vista psicológico, entretanto, o mais importante é saber que esses indivíduos assumem a responsabilidade pelo que lhes ocorre de positivo, mas não se culpam pelos eventos ruins. Aparentemente, essas pessoas, de forma intuitiva, atribuem os fatos negativos da vida à convergência de diversas causas – os outros, à situação, à hora do dia, à economia –, não responsabilizando nada ou ninguém em específico. Os otimistas são menos analíticos e reflexivos em relação aos eventos positivos – "claro que o projeto foi um sucesso; eu estava no comando!"

Dessa maneira, para aprender a ser otimista, da próxima vez que se vir prestes a se culpar por um fracasso, pense mais detidamente sobre o que ocorreu. Diga à voz dentro de sua cabeça que a responsabilidade pode ser de outra pessoa. Um pouco mais de análise significa não internalizar o erro tão prontamente. Prepare-se, entretanto, para absorver as vitórias de forma rápida e imediata! Sinta-se bem com o sucesso. A razão do êxito dos otimistas nos negócios reside em acreditarem que existem prêmios esperando logo adiante. Por isso, eles prosseguem quando todos já teriam desistido.

Portanto, para saber se terá sucesso nos negócios, pergunte-se quão otimista você é:

- Você enxerga o copo metade cheio (otimista) ou metade vazio (pessimista)?
- Da última vez que passou numa prova, a razão foi você saber que é uma pessoa brilhante e que se dá bem em exames (otimista)?
- Ou isso teria ocorrido porque a prova foi fácil e todos se saíram igualmente bem (pessimista)?
- Da última vez que você foi reprovado num teste, a causa foi a dificuldade do exame (otimista)?
- Ou o motivo foi que você não é muito inteligente ou bom em provas (pessimista)?

Se você não dispõe de um olhar naturalmente otimista, é preciso repensar a forma pela qual espontaneamente explica os desdobramentos dos pequenos fatos do cotidiano. É necessário passar a tomar imediatamente tudo o que ocorre de positivo como responsabilidade sua e, da mesma forma, considerar que aquilo que não sai conforme o planejado pode não ter qualquer relação com você. Essa é a raiz do otimismo e do sucesso nos negócios.

Segundo Fredrick Crane, da Northeastern University, e seu colega Erinn Crane, da Escola de Direito da Universidade de Suffolk, há um fator psicológico chave ligado ao sucesso de empreendedores – aquilo a que eles denominam "inclinação otimista".

O otimismo é uma forma específica de encarar o mundo e explicar por que certas coisas acontecem de determinadas maneiras. Os otimistas acreditam que o resultado da vasta maioria das situações em que se encontram será benéfico. Os pessimistas pensam de forma oposta. Uma inclinação otimista significa que certos indivíduos possuem esse tipo de disposição como traço de personalidade – o otimismo é, em essência, uma crença que carregam.

O principal benefício psicológico reside em ser capaz de persistir, pois o otimista acredita que bons acontecimentos encontram-se logo adiante. Os pessimistas evidentemente encaram tudo ao contrário e, por isso, se deixam derrotar mais facilmente.

O sucesso empresarial não depende somente de inspiração, mas também de transpiração para sustentar esforços prolongados. Daí, a grande vantagem comparativa dos otimistas.

Em sua revisão bibliográfica sobre a relação entre fatores de personalidade e sucesso empresarial, Crane e Crane citam o trabalho de Kim Owens (2004), que estabeleceu um conjunto de elementos que determinaria o êxito financeiro: "estabelecimento de metas, resiliência emocional, habilidade para se vender, conexões sociais e a posição de controle dentro do trabalho relacionam-se positivamente tanto à performance financeira, quanto à satisfação com o trabalho."

A revisão de Crane e Crane mostra que "otimismo", "ética no trabalho", "energia", "orientação por metas", "capital" e "habilidades para negócios" são as seis características mais típicas de empresários de sucesso. Não obstante, "ética no trabalho" e "otimismo" são as mais importantes entre elas, sendo esta última a mais relevante de todas.

Colocando de forma simples, pouco importam sua ética de trabalho, o quanto você se esforça, seu nível de energia, sua metas, de quanto capital você dispõe para tocar seus negócios ou quais são suas habilidades empresariais. Se você não for fundamentalmente otimista, há uma fissura grave em sua armadura e talvez seja melhor pensar numa carreira diferente.

Como determinar, portanto, se você é um otimista nato? Martin Seligman desenvolveu um método simples, que parte do exame das atribuições espontâneas de causas para sucessos e fracassos.

Sempre que algo dá certo, um otimista tende a atribuir todo o êxito a si mesmo. Ele estabelece responsabilidades para o que ocorreu qualificadas como "internas", "estáveis" e "globais", assumindo uma razão individual para o que se sucedeu, e por isso "interna", que sempre estará presente, e que portanto é "estável", e que influencia muitos aspectos de sua vida, sendo, por isso, "global".

"Fiz a decisão certa naquele negócio porque sou um cara muito esperto" é uma atribuição essencialmente interna; "sou eu no final das contas" estabelece uma causalidade estável; e "ninguém fica estúpido da noite pro dia" representa um fator globalizante, pois influencia a maior parte dos aspectos da vida, ou parte deles.

Não obstante, quando algo dá errado, o otimista não internaliza as razões do problema. Ele assume que a responsabilidade pode estar nas mãos de terceiros ou da própria situação. Tampouco, supõe ele, que a razão do fracasso durará por um longo período de tempo, não influenciando, portanto, eventos futuros. Além disso, ele estabelece causas específicas para o acontecimento ruim, de forma a que esses elementos não afetem outros aspectos de sua vida.

“Não fechei o negócio porque eles não estavam preparados para negociar” é, por exemplo, uma atribuição de responsabilidade essencialmente externa, instável e específica. O otimista não se culpa pelo que não deu certo.

O trabalho de Martin Seligman é extraordinário por mostrar que aquilo a que denominamos “estilo de responsabilização”, isto é, nossa tendência a estabelecer causas em uma direção ou outra pode ser mudada.

Dessa maneira, se você não tem naturalmente uma inclinação otimista, não se desespere. É necessário somente passar a monitorar seus processos de atribuição de responsabilidades para o sucesso e o fracasso, aprendendo a assumir os louros das vitórias, da mesma forma que outras pessoas o fazem.

Ao invés de tomar para si toda a culpa por um fracasso, reflita mais cuidadosamente sobre outras causas possíveis. Poderia haver outros responsáveis? A situação ou tarefa específica podem ter desempenhado um papel? Houve alguma interação complexa entre outra pessoa e aquilo que estava sendo executado que pode ter determinado o desdobramento dos fatos?

Para ter êxito nos negócios, é preciso pensar sobre sua personalidade.

Você possui a personalidade luminosa dos otimistas que creem que tudo vai dar certo no final? Se não, pode ser preciso mudar seus projetos de carreira ou então refletir sobre seus padrões cotidianos de responsabilização. Eles são a base cognitiva, tanto do otimismo, quanto do pessimismo. Se você começar a pensar como um otimista, tudo pode ser possível.

Crane e Crane fizeram uma revisão de toda a literatura sobre sucesso empresarial nos últimos 25 anos buscando identificar aquilo que distingue os empreendedores de sucesso. Segundo eles, a psicologia pode desempenhar um papel importante no desenvolvimento de pessoas de negócios.

Meu único senão a esse estudo reside no perigo de se olhar de forma isolada para apenas uma característica psicológica. Há muito tempo atrás, escrevi um livro sobre empreendedorismo durante os anos Thatcher na Grã-Bretanha (Beattie, 1987). Já naquela época, parecia-me evidente que, ainda que muitos dos empresários de sucesso que eu entrevistara fossem grandes otimistas, também o eram alguns daqueles com algumas das propostas de negócios mais ridículas de que eu já tivera notícia.

Eu ansiava por dizer a eles que deviam desistir, pois suas ideias jamais funcionariam. Eles eram, entretanto, demasiadamente otimistas – estavam seguros de que o sucesso se encontrava logo adiante. Alguns deles persistiram por anos a fio em seus sonhos. Faltava-lhes um senso de realismo para temperar o otimismo. E é justamente essa capacidade de avaliação – somada ao otimismo – que nos ajuda a identificar os empreendedores de grande sucesso.

Parece claro que o otimismo pode ser uma base fundamental do êxito nos negócios, pois a capacidade de se manter perseverante em momentos difíceis é crucial. Mas ele não basta. Pode ser possível aprender a ser otimista, mas como adquirir realismo e a habilidade para colocar-se do lado de fora e avaliar as chances de sucesso? Também é possível treinar essas capacidades?

- O otimismo é a chave do sucesso nos negócios por fomentar a perseverança em momentos difíceis (os pessimistas quase sempre desistem).
- O otimismo é fomentado por padrões identificáveis de pensamento e, por essa razão, pode ser aprendido.
- Se você não é naturalmente otimista, é preciso contestar aquela voz interna que o culpa por todos os fracassos (uma das principais características dos pessimistas).

COMO SER MAIS EFICIENTE EM PROJETOS

Ao trabalhar por dias ou semanas a fio em um projeto, observe de forma mais atenta a maneira como fala sobre o que foi feito até agora. Se você conversa com um colega sobre os resultados até o momento, use locuções verbais no pretérito imperfeito, em vez do pretérito perfeito:

Locução Verbal no Pretérito Imperfeito	"Eu estava mapeando todas as opções" "Eu estava decidindo o melhor caminho a tomar" "Eu estava considerando as alternativas"
Pretérito Perfeito	"Eu mapeei todas as opções" "Eu decidi o melhor caminho a tomar" "Eu considerei as alternativas"

Ainda que encaremos esses dois tempos verbais muitas vezes como intercambiáveis e sinônimos, o cérebro reconhece o pretérito perfeito. "Mapeei", "decidi" e "pensei" sinalizam algo completo, enquanto o pretérito imperfeito – "estava mapeando", "estava decidindo" e "estava pensando" – indica um processo ainda inconcluso.

O tempo imperfeito mantém o cérebro em estado de prontidão para concluir o projeto. Ele fortalece a memória em relação ao objeto de trabalho, deixa-nos mais preparados para retomar a tarefa e faz a mente se concentrar nas ideias importantes.

William Hart, da Universidade da Flórida, e Dolores Albarracín, da Universidade de Illinois em Urbana-Champaign, realizaram pesquisas nessa temática. A filosofia subjacente propõe uma conexão íntima entre pensamentos e comportamento.

Por isso, a forma como descrevemos ações e eventos pode ter influência profunda sobre nossas atitudes. Seu experimento testou essa ideia solicitando que voluntários falassem sobre fatos acontecidos utilizando um entre dois tempos verbais:

Locução Verbal no Pretérito Imperfeito	Pretérito Perfeito
"Eu estava andando"	"Eu andei"
"Eu estava fazendo"	"Eu fiz"
"Eu estava trabalhando"	"Eu trabalhei"

A diferença crítica é que o pretérito imperfeito representa uma ação no passado como ainda em desenvolvimento e não concluída. O pretérito perfeito a retrata como finalizada.

Não obstante, utilizamos os dois tempos verbais com frequência como formas equivalentes sem muita reflexão consciente: "Ontem, eu estava trabalhando em um projeto e tudo caminhava bem; eu já estava terminando o trabalho, quando o sino tocou" ou "Ontem eu trabalhei em um projeto e tudo caminhou bem; eu recém terminara, quando o sino tocou".

Hart e Albarracín explicam que, "ainda que, à primeira vista, a diferença pareça irrelevante, nossa hipótese é a de que a escolha do tempo verbal influencia as memórias do comportamento descrito, assim como a propensão à sua repetição a posteriori."

Especificamente, foi testada a ideia de que o pretérito imperfeito facilita a rememoração de conhecimentos relevantes para a ação em questão, ao sinalizar que a tarefa ainda não foi concluída.

O experimento levado a cabo pedia aos participantes que escrevessem uma redação que criticasse estereótipos negros usando o pretérito perfeito ou o imperfeito. Em seguida, observaram-se os efeitos do tempo verbal sobre julgamentos subsequentes em torno desses estereótipos.

Os resultados mostraram que o tempo verbal utilizado teve impacto significativo sobre esses julgamentos. As descrições com base no pretérito imperfeito levaram a julgamentos menos severos.

Num segundo experimento, os voluntários foram submetidos a uma tarefa que envolvia anagramas. Alguns minutos depois, eles eram interrompidos "em função da limitação de tempo". Pedia-se então a esses participantes que descrevessem o que haviam feito utilizando um dos dois tempos verbais. Por fim, suas lembranças relativas aos anagramas e também sua disposição para retomar a tarefa foram mensuradas.

Novamente, de forma bastante surpreendente, os participantes que haviam escrito sobre a tarefa, usando o imperfeito, apresentaram maior inclinação para sua retomada e também memórias mais nítidas dos anagramas. Dito de outra maneira, a simples mudança no tempo verbal usado para descrever um comportamento afeta ações posteriores, as lembranças em relação a esse comportamento (no caso do experimento com estereótipos) e até mesmo a facilidade de acesso às próprias crenças.

A evidência desse estudo reforça uma velha corrente de pensamento dentro da psicologia ligada à "hipótese da relatividade linguística". Seu pressuposto básico é o de que a linguagem afeta o pensamento e seus padrões.

Os pesquisadores demonstraram que algo aparentemente trivial, como o tempo verbal, pode influenciar ideias e comportamentos de forma significativa. Em suas palavras, "Um marcador que descreve as experiências como ainda em andamento, ao invés de concluída, fortaleceu a memória relativa a conhecimentos relevantes para a tarefa em curso e reforçou a tendência da reprodução de uma ação posteriormente."

A hipótese da relatividade linguística é bastante antiga. Ela é normalmente ilustrada através da demonstração de que rótulos linguísticos podem afetar os tipos de diferenciação que fazemos cotidianamente. Nesse sentido, um dos exemplos mais citados é o de que o povo Inuit, do Alasca, tem um grande número de palavras para tipos de neve. Afirma-se, por isso, que eles podem discriminar muitas qualidades diferentes de neve por disporem desses rótulos linguísticos.

O problema com essa ideia, entretanto, é funcionar igualmente bem em sentido contrário. Os tipos de neve são um elemento muito importante no mundo dos Inuit, de forma que a necessidade de estabelecer distinções perceptivas pode muito bem ter levado à diversidade de rótulos.

A pesquisa de Hart e Albarracín permite um desvio que nos salva da circularidade desse raciocínio. Ela demonstra que uma forma linguística, o tempo verbal, tem efeito significativo sobre o pensamento, a ação e a memória.

O extraordinário, evidentemente, em relação aos tempos verbais, é sua naturalidade em nosso cotidiano. Os resultados do trabalho mostram que o pretérito imperfeito sinaliza ao cérebro a não conclusão de uma tarefa, preparando-o para ações futuras. O uso do pretérito perfeito sugere a conclusão da tarefa em questão, aparentemente permitindo que o cérebro se desligue dela prontamente.

- A linguagem e as palavras que usamos podem afetar nossos pensamentos e a atividade cerebral.
- Palavras que parecem sinônimos podem ter efeitos muito diferentes sobre o cérebro.
- Utilize uma locução verbal no pretérito imperfeito quando se referir ao trabalho num projeto em andamento ("Eu estava mapeando todas as opções"), e não o pretérito perfeito ("Eu mapeei todas as opções").
- O pretérito imperfeito deixa o cérebro em estado de alerta para retomar o trabalho.

COMO AJUDAR ALGUÉM A SE LEMBRAR DE ALGO QUE ACABAMOS DE DIZER

Para ajudar alguém a memorizar o que você acaba de dizer, mantenha suas mãos livres para fazer gestos espontâneos à medida que fala. Esses movimentos contêm diferentes padrões repletos de significados e ilustram o conteúdo daquilo que se diz. Eles permitem ao ouvinte receber a informação por duas vias simultâneas, levando a seu armazenamento em dois canais de memória distintos e, por isso, permitindo que seja mais facilmente recuperada.

Uma técnica familiar para memorizar informações básicas no cotidiano consiste em formar uma imagem mental daquilo que desejamos lembrar. Dessa forma, para guardar uma lista de elementos, por exemplo, "cadeira", "banana", "fotografia", "garoto" e "chapéu", pode ser útil visualizar um garoto usando um chapéu, segurando uma banana, sentado em uma cadeira, com uma fotografia na parede ao fundo.

Essa imagem que reúne todos os elementos nos ajuda a lembrar de cada item específico. Dessa maneira, é bastante possível que os gestos espontâneos e inconscientes auxiliem outras pessoas a se lembrarem daquilo que dizemos.

Em um pronunciamento importante, se há tempo para planejar, é possível conceber e, até certo ponto, mesmo coreografar esses gestos, de forma a produzir um impacto positivo em termos de compreensão e memorização do que será dito.

Esses movimentos devem ser selecionados de forma cautelosa, conectando estreitamente suas formas ao conteúdo da fala. Suponhamos que o tema desse pronunciamento seja a crise econômica atual e sua mensagem central de que não compreendemos integralmente suas causas. Uma das frases poderia ser: "Há um grande vazio no nosso entendimento, hoje, dos fatores críticos que levaram à recessão."

Para que as pessoas realmente compreendam a mensagem e se lembrem de que há um buraco nas análises, lembre-se de abrir bem os braços no momento em que a frase for dita. Dessa forma, a plateia se recordará do tamanho desse vazio por ter ouvido a referência a ele e visto essa sugestão, conforme retratada pelo gesto concomitante que é absorvido de forma inconsciente.

A produção inconsciente desses movimentos – afinal, normalmente, não nos damos conta dos gestos específicos feitos por nossas mãos – torna-os ainda mais relevantes para a comunicação. Quando vemos alguém gesticulando, sabemos que a pessoa está sendo sincera. E algumas das coisas mais importantes que dizemos se refletem nos gestos.

O tempo desses movimentos, entretanto, é crucial. O clímax de gesto e fala deve coincidir. Para isso, o início dos gestos deve se antecipar ligeiramente ao discurso, de forma a que as mãos estejam no lugar certo para executarem o movimento no momento mais relevante da fala.

Assim, para dizer "Há um grande vazio no nosso entendimento, hoje, dos fatores críticos que levaram à recessão", o gesto precisa começar junto com "Há" – suas mãos se movendo em direção ao tronco; em "grande", elas devem começar a se separar, concluindo o movimento ao final de "vazio".

Se isso parece um pouco complicado, basta observar nossa forma cotidiana de gesticular para perceber como os movimentos se antecipam à fala. Para transmitir de forma eficaz informações através de códigos gestuais, é preciso se tornar um bom observador das ações humanas. Alguns dos políticos que tentam utilizar esses gestos em discursos não parecem sê-lo, pois o tempo dos movimentos muitas vezes parece terrivelmente fora de sincronia.

Os benefícios podem ser enormes. Comunicar-se ao mesmo tempo através da fala e das mãos torna as mensagens claras e difíceis de esquecer.

Participei de algumas das pesquisas básicas nesse tema junto com Heather Shovelton, também da Universidade de Manchester. Observávamos que, ao falar, movemos espontaneamente nossas mãos, compondo gestos que desenham imagens conectadas ao conteúdo da fala.

Esses movimentos normalmente são gerados de forma inconsciente. Eles, por vezes, transmitem exatamente o mesmo conteúdo do discurso, mas em outras acrescentam novas e importantes informações.

Num exemplo simples, se alguém descreve uma ação trivial como o escorregão de um amigo no gelo, poderia dizer: "Ele deslizou pelo asfalto". O gesto em paralelo, sincronizado com a fala, transmitirá a ação, mas também pode demonstrar a velocidade e a direção do movimento – algo não contido na descrição verbal.

Várias pesquisas confirmam que esses gestos espontâneos levam à absorção de muito mais informações pelo ouvinte, em relação àquilo que é descrito.

Esses movimentos, portanto, agregam sentido, mas também nos ajudam a memorizar o conteúdo daquilo que é dito, já que a informação chega tanto através de um código verbal, como de um código imagético, ao mesmo tempo.

Junto com Heather Shovelton, testei essa ideia por meio de um conjunto de mensagens, na forma de propagandas para uma gama de produtos – pacotes de viagem, carros e celulares –, acompanhadas de gestos coreografados junto com o conteúdo verbal.

Um grupo de participantes assistiu aos anúncios ouvindo apenas sua parte verbal. Outro grupo teve acesso também aos gestos em paralelo à fala, e um terceiro simplesmente leu o texto da propaganda.

Os voluntários que viram a propaganda com fala e gestos receberam muito mais informação sobre os produtos, que foi também lembrada por um tempo bem mais significativo – com uma perda mínima da quantidade de informação, retida após um período de três meses, quando consideradas algumas das mensagens mais importantes.

Em outro estudo – para o suco de frutas "F" –, fizemos um comercial de TV padrão, comparando os efeitos de certos gestos a imagens mais tradicionais, usadas normalmente por publicitários. Concentramo-nos em três mensagens centrais que desejávamos transmitir e que fossem lembradas pelos espectadores:

- As frutas no suco são frescas.
- O suco se destina a todos.
- A garrafa é muito pequena.

Os gestos utilizados foram desenhados com base em estudos de movimentos espontâneos e inconscientes usados no dia a dia para ilustrar esses tipos de afirmação. Foi preciso fazer essa pesquisa porque, evidentemente, não existem dicionários para isso.

Mãos cerradas se abrindo rapidamente são o movimento mais comum para simbolizar a palavra "frescas", enquanto para "todos" é um gesto amplo de abertura dos braços; para "pequena" – esse era mais fácil –, temos mãos se aproximando e parando a cerca de 15 centímetros uma da outra, de forma a demonstrar o tamanho real da garrafa.

As imagens alternativas foram concebidas por uma agência de publicidade: para "frescas", suco em um pedaço de fruta; para "todos", uma manchete ao estilo dos tabloides britânicos dizendo: "Uau! Todo mundo está tomando!"; e para "pequena", uma mão segurando a garrafa real do produto.

Os resultados mostraram que os gestos, por isolarem de forma muito eficaz a qualidade específica que se quer transmitir, tinham certa vantagem em termos de comunicação e memorização.

Dessa forma, uma das partes críticas da mensagem era a de que, nesse novo suco, você recebe "cinco porções de fruta concentradas em cada garrafinha". Enquanto o gesto mostrando o tamanho do recipiente chama atenção somente para esse fato, a imagem alternativa da garrafa na mão continha diversas outras informações – cor, textura, forma etc. – que potencialmente afastavam o espectador da mensagem principal.

Portanto, para que o que você diz seja mais bem compreendido e mais lembrado, deixe as mãos livres para gesticular. Se tiver tempo para planejar uma mensagem especialmente importante, considere a possibilidade de incluir movimentos deliberados em sua descrição. A gesticulação em paralelo faz com que o conteúdo seja memorizado pelas vias verbal e imagética, o que facilitará sua retenção.

- Permita-se gesticular ao conversar, de forma a ajudar as pessoas a se lembrarem do que você diz.
- Os gestos representam o conteúdo da fala através de um código visual que reforça o que é dito por meio do código verbal.
- Memorizamos melhor aqueles conteúdos armazenados por meio de dois códigos simultâneos.
- Ao fazer um pronunciamento, planeje gestos que coincidam com seus trechos mais importantes; a mesma mensagem será recebida através dos códigos visual e verbal, tornando-a mais fácil de ser lembrada.

COMO COMEÇAR BEM O DIA

Para começar bem o dia, nada como cereais e café (ou chá). A alimentação matinal nos torna mais eficientes no trabalho. Os cereais ativam a memória – sobretudo a de tipo espacial –, enquanto a cafeína permite processarmos as informações com maior velocidade. O café da manhã é também benéfico por estimular o bom humor, o que, por sua vez, nos leva a estabelecer metas mais ambiciosas no trabalho. Pessoas que têm o hábito de se alimentar logo cedo são menos suscetíveis a depressão, têm maior equilíbrio emocional e níveis menores de estresse.

Essas afirmações se embasam em pesquisas conduzidas por Andrew Smith e seus colegas da Universidade de Bristol. Segundo suas investigações, os cereais e o café têm significativo impacto sobre nosso funcionamento psicológico. Trabalhos anteriores já haviam demonstrado os efeitos benéficos do café da manhã sobre a memória, em função da elevação dos níveis de glicose no cérebro. O café, especificamente, não parece afetá-la, mas possui grande impacto sobre a atenção. Outras pesquisas sugerem, ademais, que a cafeína acelera o processamento de novas informações.

Além do impacto sobre as taxas de glicose, os cereais matinais afetam positivamente o humor por incrementarem também os níveis de serotonina no cérebro.

Dessa maneira, no início de sua pesquisa, Smith já tinha evidências consideráveis apontando para o impacto de uma alimentação matinal que inclua cereais e café sobre o funcionamento psicológico. Seu objetivo era, por isso, determinar exatamente que funções eram afetadas. O diferencial do estudo foi trabalhar sobre um modelo contendo os componentes básicos da memória, de forma a permitir observar com precisão que áreas eram impactadas.

Foi utilizada uma ampla variedade de testes que incluíam questões como "memorização em série" – uma sequência de oito números era apresentada numa tela de computador e os participantes tinham que escrevê-la depois, na ordem em que aparecia – e "memória espacial" – onde uma sequência de luzes era exibida, devendo ser recordada conforme sua localização na tela. Também foram monitorados o humor e a pressão arterial dos voluntários.

Os resultados mostraram que os cereais matinais exercem efeito significativo sobre a memória, sobretudo a de cunho espacial. A cafeína, por sua vez, não teve impacto sobre essa função psicológica, mas demonstrou efeito importante sobre os tempos de reação, numa tarefa destinada a avaliar a atenção dos participantes. Refeições matinais também colaboram para um humor mais positivo, incluindo uma maior sensação de "calma".

Outros pesquisadores observaram que o consumo regular de cereais matinais está associado a uma menor produção de cortisol, que é um bom indicador de estresse. De forma mais geral, Smith também conclui que "os participantes que consumiram cereais matinais todos os dias mostraram-se menos deprimidos, emocionalmente mais equilibrados e apresentaram níveis mais baixos de estresse do que aqueles que os ingeriam com menor regularidade."

Esse estudo é ainda mais importante porque pesquisas recentes em relação aos hábitos matinais no Reino Unido demonstraram que muitas pessoas simplesmente não têm o hábito do café da manhã.

Trinta e três por cento dos ingleses não se alimentam no início do dia. Entre os jovens de 18 a 25 anos, 42% dos indivíduos não comem nada no café da manhã. Nessa faixa etária, a alimentação matinal fica atrás de "arrumar o cabelo" e "tomar banho", em termos de prioridades matinais. Um percentual similar dessas pessoas prefere assistir TV pela manhã a tomar café. As principais razões apresentadas para tanto foram ausência de fome pela manhã (33%), a limitação de tempo (27%) e a preparação do café da manhã representar um esforço a mais (13%).

Quando perguntados sobre o que fariam, se dispusessem de mais quinze minutos pela manhã, 40% de todos os entrevistados responderam que ficariam mais tempo na cama; entre os jovens, 53% deram essa resposta.

Entre os participantes da pesquisa, 47% informaram tomar café da manhã sozinhos.

Portanto, a rotina matinal de grande parte dos britânicos parece concentrar-se essencialmente na aparência. Uma parcela expressiva dos entrevistados afirmou gastar entre 45 e 60 minutos se aprontando.

Tais prioridades são absolutamente equivocadas de um ponto de vista psicológico. Deveriam parecer evidentes os efeitos positivos de uma boa refeição matinal. O café da manhã estimula um humor mais positivo, faz-nos trabalhar de forma mais eficiente e diminui o nível de estresse.

- Sempre se alimente no início do dia.
- Cereais matinais estimulam a memória espacial.
- A cafeína melhora nossa concentração.
- O café da manhã nos deixa de bom humor.
- Um humor mais positivo nos leva a estabelecer metas mais ambiciosas no trabalho.
- Abandone o hábito de ver TV pela manhã ou passe a acordar 15 minutos mais cedo, de forma a dispor de tempo para se alimentar.

COMO SE TORNAR MAIS PERSEVERANTE

Um gesto banal pode ser útil para estimular a persistência necessária à conclusão de uma tarefa: cruzar os braços antes de começar. Há pesquisas que mostram a associação dessa postura não apenas a uma atitude de defesa, mas a um tipo específico de perseverança. E a postura corporal não é apenas o reflexo de determinado estado psicológico. Em direção oposta, ela também afeta nosso estado interior. Essa relação já foi demonstrada em várias áreas: ao fazer com que alguém adote uma postura específica, afetamos sua atitude psicológica e suas emoções.

Especificamente, cruzar os braços tem um efeito sobre o tempo que alguém se dispõe a perseverar em dada tarefa e também sobre a eficiência com que a realiza. Há um elo inconsciente entre esse gesto e a persistência, de modo que um sugere o outro. Por isso, para juntar a persistência necessária para executar determinada tarefa, cruze os braços e deixe que a associação inconsciente assuma o controle.

Ron Friedman e Andrew Elliot, da Universidade de Rochester, nos EUA, pesquisaram o tema da perseverança em dois experimentos nos quais os participantes executavam tarefas que envolviam anagramas.

Primeiro, entregou-se aos voluntários um conjunto de anagramas de fácil resolução (tente você mesmo):

"BAEMIXO" e "OBÔR"

Em seguida, os participantes recebiam um anagrama de solução impossível (tente o quanto quiser!):

"OCHERSTE"

Aos voluntários, era dito que dispunham de todo o tempo necessário. Em um dos grupos, pedia-se a eles que cruzassem os braços antes do início da tarefa; no outro, as mãos deviam permanecer sobre as pernas. O objetivo era observar por quanto tempo os indivíduos perseverariam. Os membros do primeiro grupo insistiram por um tempo médio de 54 segundos, enquanto, no segundo grupo, a média foi de menos de trinta.

Num segundo experimento, foi observado o efeito desse gesto sobre o êxito na execução de uma tarefa que, dessa vez, envolvia apenas anagramas passíveis de solução. Uma vez mais, os participantes a quem se solicitara que cruzassem os braços antes do início da rotina, foram mais perseverantes e também encontraram solução para um número maior de anagramas.

Em termos psicológicos, o cruzar de braços é um "estímulo proprioceptivo", que "funciona como manifestação corporal de uma experiência subjetiva relacionada." Sabemos todos que as emoções afetam nosso comportamento, mas também nos damos conta, já há algum tempo, de que o próprio comportamento pode afetar nossas experiência subjetivas.

Charles Darwin, por exemplo, supunha que movimentos individuais emocionalmente expressivos tinham um impacto sobre nosso estado emocional. Stepper e Strack (1993) demonstraram isso de forma experimental, pedindo que seus voluntários franzissem o cenho ou adotassem um leve sorriso durante a execução de uma tarefa. Ao final, os participantes que franziram a testa relataram níveis maiores de esforço, o que faz sentido, pois o gesto está de fato associado a isso.

De maneira ainda mais incrível, Wells e Petty (1980) pediram que participantes movessem a cabeça vertical ou horizontalmente enquanto escutavam uma mensagem gravada. Os indivíduos que sacudiram a cabeça para cima e para baixo, num gesto de afirmação, tenderam a concordar mais com o conteúdo ouvido. Em outras palavras, o corpo nos fornece sinalizações que afetam nossa experiência subjetiva.

Essas descobertas deram a Friedman e Elliot as bases teóricas para seu trabalho. Os dois cientistas se davam conta de que cruzar os braços, ainda que por vezes associado a defesa, era um gesto que, em outras situações, podia indicar uma "atitude obstinada".

Nas palavras dos pesquisadores, "o ato de cruzar os braços tende a ocorrer em situações de grande esforço para a resolução de um problema ou na execução de uma tarefa, quando o sujeito em questão se mostra determinado a prosseguir até obter êxito. Ao longo do tempo, diante de situações de desafio, o gesto supostamente reflete uma tendência comportamental à persistência. Dessa forma, pouco a pouco, tal atitude, diante de contextos de desafio, passaria a ativar uma tendência obstinada de comportamento, sem que isso demandasse intenção explícita ou consciência."

A conclusão da pesquisa confirmou essa hipótese. A evidência gerada mostrou que o simples gesto de cruzar os braços antes de se lançar a uma tarefa sugere uma persistência maior e também uma chance mais elevada de êxito.

Esse resultado é, de muitas formas, surpreendente, pois o cruzar de braços parece ligado a estados psicológicos e emocionais diferentes, incluindo tanto uma postura defensiva, quanto obstinação.

Quão universais serão esses resultados? Se alguém, por exemplo, é convidado a participar de um teste, mas não simpatiza com a pessoa que faz o convite e, por isso, cruza os braços, também haverá um impacto em termos de persistência, ou a mesma atitude levaria a um estado subjetivo diferente, como hostilidade?

- O gesto de cruzar os braços pode aumentar nossa determinação.
- Para persistir em uma tarefa, cruze os braços antes de começar.

COMO SE DAR BEM EM UM NOVO EMPREGO

Para se dar bem em um novo emprego, é necessário reconhecer que qualquer mudança em nossas circunstâncias de vida produz um conjunto de emoções e pensamentos frequentemente conflitantes.

É comum, sob a capa de excitação com a mudança e o progresso pessoal, sentirmos ansiedade e preocupação que podem se tornar relevantes. A melhor forma para lidar com isso é sentar-se e, durante vinte minutos, por três dias consecutivos, escrever sobre "seus pensamentos e emoções mais profundos" relacionados às novidades.

Essa atitude não apenas melhora o estado interior, mas também tem impacto direto sobre a capacidade da memória de trabalho, um componente central de nosso processamento mental. Com isso, aumentamos nossa capacidade para processar e armazenar informações e consequentemente temos um desempenho melhor no trabalho. O exercício conecta todos os pensamentos e emoções, tornando mais fácil inibi-los, o que disponibiliza mais recursos cognitivos para serem utilizados no próprio trabalho.

Novos desafios, em geral, demandam um tipo de eficiência que, por vezes, pode acabar tolhida por emoções confusas e pensamentos conflitantes. Kitty Klein e Adriel Boals, da Universidade do Estado da Carolina do Norte, avaliaram as possibilidades da memória de trabalho como caminho para lidar com transições difíceis.

A memória de trabalho é nossa capacidade para armazenar e processar informação – uma função que demanda a ativação daquela parte do cérebro denominada "córtex pré-frontal". A despeito de ser um elemento central de todas as tarefas mentais, a memória de trabalho divide seus recursos limitados também com outros tipos de pensamento que povoam nossa mente. Por isso, Klein e Boals sugerem que uma forma de ampliá-la seria resolver esses outros tipos de atividade mental que podem prevalecer durante grandes transições em nossa vida.

Os pesquisadores propõem escrevermos sobre o momento, de forma a construir uma narrativa coerente a seu respeito: "como resultado de trocarmos representações fragmentárias por um modelo mental único do evento, a inibição dos pensamentos e emoções conflitantes passa a demandar menos energia, resultando em mais recursos disponíveis para outras demandas relacionadas à memória de trabalho."

No experimento, os pesquisadores solicitaram a calouros que escrevessem sobre "seus sentimentos e pensamentos mais profundos em relação à entrada na universidade". Foram feitas três sessões de vinte minutos durante um período de duas semanas. A tarefa sugeria que os estudantes relatassem suas emoções e reflexões de forma a "conectá-las". Ao mesmo tempo, participantes num grupo de controle tinham que "escrever sobre tudo o que lhes ocorrera naquele dia e pensar formas pelas quais poderiam ter tido melhores resultados no que fizeram." A medição da memória de trabalho foi feita através de exercícios aritméticos seguidos de um teste de memória com palavras.

Os resultados mostraram que a possibilidade de escrever sobre a experiência de chegada à universidade aumentou de forma expressiva a memória de trabalho. E os estudantes que tiveram incrementos mais significativos nesse tipo de memória obtiveram as melhores notas em suas provas nas disciplinas que cursavam. Também se observou que os alunos que utilizaram as maiores proporções de palavras relacionadas ao entendimento de seu próprio processo mental nas redações tiveram os maiores aumentos nas medições de memória de trabalho.

Num segundo estudo, os pesquisadores perceberam que os participantes que haviam escrito sobre experiências negativas também demonstravam uma diminuição na sua frequência de pensamentos inoportunos.

Em outras palavras, escrever a respeito de episódios significativos pode ter um impacto importante sobre a eficiência de nossa memória e pensamento. Outras pesquisas mostram que relatos escritos de eventos negativos podem ser altamente benéficos para a saúde física e psicológica. Esse estudo em particular aponta para o mecanismo específico relacionado a isso.

Pensamentos não desejados e intrusivos podem afetar nossa memória de trabalho e, por essa via, interferir na capacidade para resolver problemas, dificultando a busca de soluções abrangentes.

Escrever sobre a entrada na universidade – e a saudade de casa, a solidão e as dificuldades de estudo associadas – ajudou a amarrar sentimentos e ideias num todo coerente que, uma vez dotado de sentido, pôde mais facilmente ser suprimido. Três redações curtas ao longo de duas semanas tiveram impacto sobre a memória de trabalho, levando a uma maior eficiência nas tarefas e à possibilidade de aproveitar melhor a vida universitária.

O processo não se restringe evidentemente a estudantes. Qualquer mudança de emprego ou no trabalho faz aflorar um conjunto de emoções e pensamentos com frequência conflitantes que podem ser enfrentados usando a mesma estratégia.

- Para conseguir o melhor desempenho possível em um novo emprego, é importante reconhecer que pode haver emoções negativas associadas a essa mudança, mas que isso não é um sinal de fraqueza.
- Ganhe eficiência em seu novo trabalho, escrevendo sobre seus pensamentos e emoções, incluindo aqueles negativos, associados a essa mudança.
- A escrita ajuda a conectarmos as questões que nos afligem, fazendo com que nos sintamos melhor; além disso, ela intensifica a memória de trabalho, aumentando nossa eficiência nas tarefas relacionadas ao emprego.

COMO MELHORAR A AUTOESTIMA DE ALGUÉM EM VINTE SEGUNDOS

Uma boa autoestima é um recurso fundamental para a vida. Uma visão positiva de si propicia imunidade em relação a críticas e maior obstinação nas tarefas, mesmo quando seu desempenho fica abaixo do esperado, porque você sabe ser capaz de concluí-las com êxito.

Mas a autoestima é algo fixo ou ela pode variar ao longo do tempo? E, se muda, como melhorá-la?

Parece ser possível aumentar a autoestima de alguém simplesmente respondendo com palavras ou expressões não verbais positivas a cada vez que essa pessoa utiliza a palavra "eu". A cada verbalização do pronome da primeira pessoa do singular, associe uma resposta positiva. Ela pode ser verbal, como dizer "bom" ou "muito bem", ou silenciosa, como um sorriso ou aceno de cabeça. Essa técnica singela intensifica a autoestima de forma inconsciente. Quanto mais sutil seu uso, mais eficiente.

Uma autoestima elevada é um recurso extremamente importante. Uma visão positiva de si mesmo gera felicidade e é benéfica para a saúde mental. Indivíduos com maior autoestima são menos sensíveis a críticas no cotidiano e mais perseverantes nos desafios do trabalho.

Há bastante tempo, os psicólogos estudam a autoestima explícita ou consciente, isto é, a maneira como conscientemente nos enxergamos. Nos últimos anos, entretanto, começamos a examinar a autoestima implícita ou inconsciente, aquela de que não nos damos conta, mas que mesmo assim direciona nossa vida social.

A vantagem de trabalhar com a autoestima implícita reside em sua imunidade às influências tendenciosas que podem afetar a valoração explícita. Qualquer um pode dizer que se dá valor, mas como de fato se sente por dentro? Como ter certeza de que não se trata de uma máscara de coragem?

Os psicólogos têm utilizado o Teste de Associação Implícita (TAI), que já vimos antes, para medir a capacidade dos indivíduos para agruparem palavras relacionadas a "eu", bem como outras não conectadas, a expressões de julgamentos positivos e negativos.

A ideia básica é a de que, quanto mais associamos palavras relacionadas a nós mesmos à categoria "bom", e quanto mais elevada nossa autoestima, mais rápido faremos essas associações em testes computadorizados e menos erros serão cometidos.

Outra forma de mensurar a autoestima implícita é o Teste de Preferência Primária (TPP), desenvolvido por Nuttin (1987). Ele se baseia no fato de que avaliamos de forma mais positiva as letras que compõem nosso nome. E esse efeito é mais intenso no que diz respeito às iniciais. Pessoas com forte autoestima inconscientemente avaliam de maneira ainda mais favorável essas letras.

Se é possível, portanto, mensurar a autoestima implícita, a grande questão passa a ser como mudá-la.

Ap Dijksterhuis, da Universidade de Amsterdam, se dedicou a essa pergunta. O método utilizado foi o condicionamento clássico. A palavra "eu" ("ik" em holandês) era apresentada numa tela de computador seguida, imediatamente, por expressões de qualidades positivas, como "legal", "inteligente" e "caloroso".

A técnica foi pensada para intensificar a autoestima implícita. Dizia-se aos voluntários que seriam parte de uma tarefa psicológica em que deviam determinar se um conjunto de letras formava ou não uma palavra. Numa das situações, entretanto, a palavra "eu" era também associada às expressões de qualidades positivas.

Os participantes foram submetidos, antes e depois da tarefa, ao TPP, e aqueles expostos à conexão da palavra "eu" com traços positivos de personalidade tiveram pontuações bem mais elevadas após o experimento. Esse procedimento simples pareceu, portanto, elevar sua autoestima.

Em outro experimento, o pesquisador obteve os mesmos resultados através do TAI. Nesse caso, de forma surpreendente, a conclusão foi idêntica também através da apresentação subliminar, por 17 milissegundos, da palavra "eu" seguida pelas características positivas.

Nessa forma de exposição, uma participante "afirmou ter visto flashes na tela durante a tarefa de decisão lexical, mas não relatou identificar nenhuma palavra."

Esse procedimento básico de condicionamento funcionou, a despeito da condição prévia de autoestima dos participantes. O cientista, em seguida, de forma pouco gentil, rebaixou a autoestima dos voluntários, dando-lhes um retorno falso em relação à sua performance em um teste de inteligência. Descobriu-se, então, que o condicionamento funcionava mesmo se a autoestima das pessoas houvesse sido abalada pelos comentários negativos.

Num último conjunto de experimentos, o pesquisador testou o efeito de níveis elevados de autoestima sobre outros aspectos de comportamento. Sua hipótese de trabalho era a de que o melhor da autoestima está em nos proteger, em larga medida, contra críticas e em nos tornar mais perseverantes diante de desafios.

Dessa vez, a autoestima dos voluntários foi, primeiro, inflada através do processo de condicionamento. Em seguida, eles receberam comentários negativos para, por fim, serem chamados a executar outras tarefas que tinham o potencial de restaurar seus níveis de autoestima.

Os resultados mostraram que os indivíduos cuja autoestima havia sido fortalecida pelo condicionamento ficaram imunes às críticas negativas. Em outras palavras, sentiam-se tão bem consigo mesmos que a notícia de seu péssimo desempenho em uma tarefa não pareceu afetar seu estado emocional. Da mesma forma, esses indivíduos também se mostraram mais obstinados na realização da nova tarefa que lhes foi apresentada.

As conclusões desse conjunto de experimentos são muito encorajadoras. Parece ser possível melhorar nossa autoestima implícita e ajudar outras pessoas a fazer o mesmo.

Uma autoimagem positiva é fundamental, pois nos fornece um escudo contra críticas e fomenta a concentração nas tarefas com que nos deparamos.

Outro detalhe significativo do experimento chama a atenção: o condicionamento levou apenas 25 segundos. Portanto, é possível ajudar alguém, ao menos temporariamente, a melhorar sua autoestima em menos de meio minuto.

Essa série notável de estudos sugere ser possível reforçar a autoestima de um indivíduo em muito pouco tempo. O pesquisador usou duas medidas diferentes para a autoestima, ambas anteriormente testadas em outros estudos e tidas como indicadores confiáveis.

O único aspecto negativo dessa pesquisa é não sabermos a durabilidade dos efeitos. Os níveis alterados de autoestima só foram avaliados imediatamente após o condicionamento. Essa autoimagem melhorada perdura por minutos, dias, semanas ou meses? Hoje, não é possível sabê-lo.

- A autoestima implícita não é fixa; pode ser mudada num espaço relativamente curto de tempo.
- É possível reforçar a autoestima de alguém, sem que a pessoa se dê conta, por meio de processos de condicionamento.
- Para aumentar a autoestima de outra pessoa, responda com sorrisos e acenos de cabeça quando ela fala de si mesma.

CAPÍTULO 8
ENTREVISTAS

Um homem disposto a trabalhar, mas que não consegue encontrar trabalho, representa talvez a visão mais triste que as desigualdades da fortuna propiciam sob este sol.
Thomas Carlyle, *Chartism*, 1839

COMO PARECER MAIS INTELIGENTE SEM ABRIR A BOCA

Para parecer mais inteligente ao encontrar alguém pela primeira vez – por exemplo, numa entrevista de emprego – lembre-se de sorrir naturalmente. Se quiser levar ainda mais vantagem, invista em lentes de contato azuis.

Tomamos as pessoas de olhos azuis como mais atraentes e, de forma surpreendente, como mais inteligentes; também avaliamos como mais interessantes, sociáveis e inteligentes os indivíduos que possuem sorrisos de Duchenne (vide Capítulo 2). A combinação de olhos azuis e sorrisos genuínos é imbatível.

Por que percebemos pessoas com olhos azuis como mais inteligentes? Não parece racional, mas por considerarmos a coloração mais atraente, tendemos a atribuir outras características positivas àqueles que os têm.

Quando vemos alguém sorrindo com naturalidade, é difícil não retribuir. A demonstração emocional nos afeta internamente e transmite uma sensação positiva. Uma vez mais, atribuímos outras qualidades ao indivíduo em questão. Paul Newman, com aqueles olhos e seu sorriso, não deve ter encontrado muitas dificuldades na vida.

Em 2002, Heather Shovelton e eu investigamos de que maneira a cor dos olhos e as expressões faciais afetam percepções interpessoais. Pesquisas anteriores mostravam que a pigmentação dos olhos é um importante fator de interação social. Lynn e Shurgot (1984), por exemplo, analisaram 395 anúncios numa revista para solteiros, no estado americano de Ohio, e concluíram que 173 dessas peças continham informações sobre a cor do cabelo e dos olhos.

Jacobi e Cash (1984) analisaram os atributos físicos buscados num parceiro ideal e concluíram que a maioria das pessoas procura olhos similares aos seus. Não obstante, entre ambos os sexos, há uma crença de que o sexo oposto prefere olhos azuis a quaisquer outros.

Existem, portanto, pesquisas que sugerem a importância da cor dos olhos. Mas como isso afeta avaliações relacionadas a questões como sociabilidade e inteligência?

Na psicologia, é comum observarmos aquilo a que chamamos "efeito de halo", isto é, a influência que a avaliação positiva de um aspecto específico pode ter sobre outros julgamentos não conectados. Dessa forma, o fato de olhos azuis serem considerados mais atraentes afetaria a avaliação não apenas do quanto alguém é atraente, mas também de outros atributos, como inteligência e sociabilidade?

Esse mesmo processo funcionaria igualmente para as expressões faciais? Michael Cunningham (1986) e Cunningham, Anita Barbee e Carolyn Pike (1990) descobriram que rostos sorridentes são, de modo geral, avaliados como mais atraentes.

Nossas hipóteses foram testadas a partir de fotografias de quatro voluntários com a cor natural de seus olhos e três lentes diferentes – azuis, castanhas e verdes. Para cada cor de olhos, havia imagens com expressão neutra e sorrindo. Buscávamos sorrisos genuínos, que conseguimos arrancar usando uma série de estímulos (piadas contadas pelo autor).

O experimento, portanto, consistia em 32 estímulos diferentes – oito imagens de cada sujeito, sorrindo ou não, e usando cada cor de lente, além das fotografias com a cor natural de seus olhos.

Essas 32 imagens foram exibidas a um grupo de avaliadores, que deviam julgar cada fotografia com base nos seguintes critérios: "atratividade", "sociabilidade" e "inteligência".

Os resultados surpreenderam de várias maneiras. A cor dos olhos realmente teve importância nas avaliações de atratividade. Jurados e juradas consideraram as fotos de olhos azuis como as mais atraentes. Os rostos sorridentes também foram assim avaliados por homens e mulheres, quando comparados àqueles com expressão neutra.

Diferentemente da expressão facial, a cor dos olhos não teve impacto expressivo nas avaliações de sociabilidade. Os rostos sorridentes foram tidos como os mais sociáveis.

O mais extraordinário, entretanto, foi o significado da cor dos olhos para as avaliações de inteligência. Houve uma tendência geral, entre homens e mulheres, de considerar os portadores de olhos azuis como as pessoas mais inteligentes.

As juradas consideraram os rostos femininos e masculinos de olhos azuis como os mais inteligentes. Os jurados, por sua vez, apontaram apenas os rostos masculinos com olhos azuis como mais inteligentes. Eles avaliaram as faces femininas de olhos azuis como as mais inteligentes somente quando também apareciam sorrindo.

Há aqui aparentemente um efeito de halo em funcionamento. Os olhos azuis são vistos como mais atraentes e mais inteligentes. Em outra evidência nessa direção, observou-se também que avaliadores homens e mulheres classificavam rostos sorridentes como significativamente mais atraentes que faces com expressões neutras.

A mensagem a ser guardada desse estudo é a de que, para passar uma imagem de inteligência durante um primeiro encontro, pode valer a pena investir em lentes de contato azuis, pensar em algo engraçado e sorrir de forma natural. Você será visto não apenas como mais atraente, mas também como mais inteligente.

O estudo foi rigorosamente controlado. Os mesmos rostos foram exibidos múltiplas vezes para o grupo de jurados, variando sistematicamente a cor dos olhos e as expressões faciais. Aos participantes, cabia realizar uma série de julgamentos bastante simples. Na maioria dos casos, o propósito do experimento deve ter parecido relativamente óbvio, mas isso apenas enfatiza a validade do estudo, pois o entendimento dos objetivos ajudaria possivelmente a diminuir o efeito da cor dos olhos e das expressões faciais sobre as avaliações, e não o contrário.

Por que não obtemos os mesmos julgamentos a cada vez que um mesmo rosto é mostrado? Somos aparentemente influenciados, portanto, pela cor dos olhos e pelas expressões faciais. Olhos azuis e sorrisos de Duchenne possuem alta eficácia. Há uma preferência clara por essa combinação e um evidente efeito de halo a partir dela, afetando os julgamentos relacionados à inteligência e à atratividade.

O estudo se embasou obviamente em primeiras impressões de sujeitos que nunca chegaram a abrir a boca. Seguramente, se palavras fossem proferidas, vários outros fatores influenciariam as avaliações. Nos primeiros segundos de silêncio, entretanto, antes que uma conversa se inicie, olhos azuis e sorrisos genuínos parecem ter grande efeito.

- Um sorriso natural durante uma entrevista ajuda a sermos julgados como mais atraentes, sociáveis e inteligentes.
- Para levar vantagem, use lentes de contato azuis; por serem considerados atraentes, olhos azuis produzem um efeito de halo, levando a que tomemos essas pessoas como mais inteligentes, mesmo que elas não abram a boca.

COMO IMPRESSIONAR NUMA ENTREVISTA DE EMPREGO

Um pouco de bajulação faz uma enorme diferença para causar impacto numa entrevista de emprego. Bajular, nesse caso, significa essencialmente concordar com o que é dito e responder positivamente a algumas das opiniões e ideias.

Essa técnica é eficaz porque todos preferimos pessoas com quem temos algo em comum. Por isso, um certo nível de adulação, feita com sutileza, fará com que as pessoas simpatizem com você sem sequer se darem conta.

Em entrevistas desse tipo, outra estratégia comumente usada é a autopromoção. Seu efeito, não obstante, parece bem menos poderoso e efetivo.

Chad Higgins, da Universidade de Washington, e Timothy Judge, da Universidade da Flórida, abordaram esse tema comparando a efetividade de duas estratégias verbais diferentes utilizadas em entrevistas de emprego: autopromoção e bajulação.

Existem boas razões psicológicas para acreditar na eficácia de ambas. Uma teoria bastante difundida em psicologia sugere que nos sentimos atraídos por pessoas com quem temos algo em comum. Daí, a suposta eficácia da bajulação. De forma similar, a autopromoção teria certo poder porque, afinal de contas, entrevistas de emprego servem para encontrar pessoas competentes, com conhecimento e habilidades adequados para preencher a vaga. Dessa forma, ao promover a própria competência, o efeito tenderia a ser positivo.

Os pesquisadores analisaram a relação entre o que os postulantes afirmavam haver dito durante a entrevista e seus desdobramentos. Os resultados mostram que, a despeito do uso frequente das duas estratégias, a bajulação tem impacto bem mais expressivo. Os candidatos que a utilizaram foram vistos como adequados para a instituição e mais aptos a preencher plenamente os pré-requisitos da posição.

A limitação desse estudo diz respeito à experiência profissional dos participantes: todos eram graduados em administração ou artes liberais sendo entrevistados para funções de vendas ou gerenciamento. A capacidade de se relacionar bem, portanto, é parte fundamental desses trabalhos, de forma que a bajulação pode representar um bom indicador da capacidade de influenciar pessoas. Dito de outra forma, a autopromoção pode, por seu lado, ser uma técnica muito eficaz em outras áreas, não cabendo descartá-la inteiramente.

- Em entrevistas para alguns tipos de emprego, a bajulação parece funcionar melhor que a autopromoção.
- Ao concordar com o que diz o entrevistador e espelhar algumas de suas opiniões e ideias, a tendência é que você pareça se encaixar melhor na posição.

COMO SE MANTER RELAXADO DURANTE UMA ENTREVISTA

Para se manter relaxado durante uma entrevista, passe um pouco de perfume ou loção pós-barba. As partes do cérebro relacionadas ao olfato estão intimamente ligadas ao substrato neural responsável pelas emoções. Um perfume ou pós-barba não afeta apenas as pessoas próximas, mas também seu estado interior.

Pessoas perfumadas se sentem mais calmas e fazem menos movimentos de autocontrole e para se tranquilizar, durante uma entrevista. Esses gestos, em geral, envolvem se tocar e acariciar, e são um indicador confiável de emoções negativas. Interlocutores do sexo feminino tendem a avaliar indivíduos sutilmente perfumados como mais confiantes. O mesmo não ocorre, entretanto, com aqueles do sexo masculino.

Dessa forma, da próxima vez que se vir diante de uma entrevista, lance mão de seu perfume ou pós-barba favorito e use-o comedidamente. Uma borrifada sutil é mais que suficiente para fazer o cérebro relaxar, alavancando um melhor desempenho pessoal.

Essa é a conclusão de um estudo conduzido por Takahiro Higuchi e seus colegas, da Universidade Metropolitana de Tóquio. A lógica psicológica é a de que as porções do cérebro responsáveis pelo olfato têm conexões neurais diretas com aquelas ligadas ao processamento emocional. Em função disso, um perfume pode afetar não somente o interlocutor, mas também a pessoa que o utiliza.

Higuchi e seus colegas testaram isso de maneira bem simples. Seu grupo de estudo era composto por mulheres jovens que seriam entrevistadas. Metade delas, a meio caminho durante o evento, passou um pouco de perfume. Observadores avaliaram o comportamento não verbal das participantes ao longo de todo o processo, concentrando-se em três elementos principais: sorrisos, contato visual e movimentos de autocontrole.

Além de analisarem esses tipos de expressão, os pesquisadores pediram às voluntárias que descrevessem seu estado interior durante a entrevista, com base em certos critérios.

O perfume não influenciou a quantidade de sorrisos ou a frequência de contato visual, mas teve significativo impacto no número de movimentos de autocontrole. Quanto mais a entrevista se desenrolava, menos gestos desse tipo eram utilizados pelas participantes que haviam passado perfume. Além disso, ele teve efeitos expressivos sobre o grau de tranquilidade experimentado por essas mulheres.

Em síntese, esse experimento simples demonstrou que algo tão banal quanto passar um pouco de perfume agradável pode ter impacto significativo sobre como nos sentimos e agimos. Durante uma entrevista, ser capaz de relaxar é fundamental, assim como exibir uma quantidade mínima desses movimentos que denotam ansiedade e emoções negativas.

As participantes que se perfumaram experimentaram níveis mais elevados de relaxamento e foram avaliadas pelas observadoras mulheres como as mais confiantes. Aparentemente, o perfume não é algo somente a ser usado para os outros – quem o utiliza também se beneficia.

O principal problema dessa pesquisa reside em terem sido utilizadas apenas entrevistas simuladas. Em eventos verdadeiros, quando se tem muito mais a perder, seriam os resultados semelhantes?

- Passe um quantidade sutil de perfume antes de uma entrevista; ajuda a relaxar e instila confiança.
- Uma pessoa relaxada faz menos movimentos de autocontrole durante uma entrevista; consequentemente, é percebida como mais confiante.

COMO CONSEGUIR O MELHOR EMPREGO DO MUNDO

Existe um tipo de indivíduo que não se satisfaz com pouco. Ao tomar suas decisões, ele tenta entender exaustivamente todas as possibilidades que tem diante de si. Diferentemente de outros que se contentam com escolhas "suficientemente boas", essas pessoas precisam saber quais são de fato suas opções, de forma a avaliar adequadamente cada decisão.

Nesse sentido, como encontrar o melhor emprego do mundo? Infelizmente, isso não é possível, e essa fixação psicológica pode levar a muita infelicidade. As pessoas que examinam detidamente todas as opções e se forçam a buscar sempre os melhores resultados tendem a encontrar empregos com salários em média 20% maiores que os demais indivíduos. O custo em potencial, entretanto, é enorme.

Esses homens e mulheres tendem, no processo, a terminar "mais pessimistas, estressados, cansados, ansiosos, preocupados, assoberbados e deprimidos". Pode não ser possível conseguir o melhor trabalho do mundo, mas não é tão complicado encontrar um emprego satisfatório.

Se você tem essa tendência a avaliar cada alternativa possível, é preciso fazer algo a respeito. Pare, pense e relaxe. O salário um pouco maior pode não compensar a infelicidade.

Há dois tipos de pessoas no que diz respeito a escolhas: os maximizadores e os satisfeitos. Os primeiros só se satisfazem com o melhor. Para tanto, precisam sempre fazer um exaustivo escrutínio das possibilidades. Os satisfeitos, por sua vez, se contentam com algo que seja “suficientemente bom”. Seu processo decisório é bastante distinto: cessam sua busca no momento em que uma opção que satisfaça certo patamar apareça.

Essa distinção foi introduzida pela primeira vez há cinquenta anos por Herbert Simon (1955), fornecendo a base para um importante estudo na Universidade de Columbia, realizado por Sheena Iyengar e seus colegas.

Eles ilustraram a diferença entre esses dois tipos humanos da seguinte forma: ao procurar algo para assistir na televisão, um maximizador passa pelo maior número possível de canais. Isso pode demorar tanto que, ao final, não lhe resta muito tempo para efetivamente ver algo. O satisfeito, de outro lado, percorreria os vários programas somente até encontrar algo bom o suficiente. Uma vez que isso ocorra, ele deixa o controle remoto de lado e passa a assistir à atração.

Pesquisas em psicologia mostram que, a despeito de gastarem muito mais tempo e esforço para tomarem decisões, explorando um número bem maior de opções, os maximizadores tendem a se sentir menos satisfeitos com os resultados.

Nas palavras de Iyengar e colegas, “os resultados demonstram que a tendência de maximização se encontra positivamente correlacionada a remorso, depressão e dificuldade de escolha, e negativamente correlacionada a alegria, satisfação em viver, otimismo e contentamento com os resultados das decisões.”

Os cientistas se perguntavam se, apesar de se sentirem pior em relação a suas decisões, o método de escolha e o desejo de obter o melhor possível leva os maximizadores a, de alguma forma, objetivamente se beneficiarem mais que os satisfeitos. Em resumo, a estratégia de maximização propicia algum benefício objetivo em termos de escolhas?

A pergunta foi testada utilizando estudantes prestes a se formarem em onze universidades diferentes. Sua “tendência de maximização” foi avaliada através de um questionário que continha afirmações do seguinte tipo:

"Quando ouço rádio no carro, com frequência verifico outras estações para ver se há algo melhor tocando, mesmo que esteja relativamente satisfeito com aquilo que estou escutando."

Se alguém constantemente checa o que outras estações estão transmitindo, há claramente uma "tendência de maximização".

Outra das afirmações era:

"Quando faço compras, é difícil encontrar roupas de que eu realmente goste."

Da mesma forma, tal dificuldade indica uma tendência maximizadora.

Essas sentenças foram avaliadas numa escala de nove pontos, variando de "Discordo Fortemente" a "Concordo Fortemente". Também se utilizou, como medida da estratégia de escolha, a quantidade de posições de emprego que cada participante planejava pleitear. Foi ainda testado o estado emocional de cada voluntário antes, durante e depois de se candidatarem aos trabalhos. Por fim, os pesquisadores mensuraram a satisfação de cada participante com as ofertas de emprego que haviam aceitado, por meio de duas questões simples:

"Qual o seu grau de satisfação com o emprego que aceitou?"

e

"Qual o seu nível de confiança em relação a ter feito a decisão correta com respeito a seu emprego no ano que vem?"

Conforme previsto, aqueles participantes com maior tendência de maximização planejavam se candidatar a um número maior de vagas. Mais ainda, esses estudantes "relataram que desejariam ter podido considerar ainda mais opções (...) e também se mostraram mais dependentes de opiniões externas durante o processo de busca." Segundos os pesquisadores, entretanto, os maximizadores lograram resultados objetivamente melhores: seu salário médio ficou acima de 44 mil dólares, enquanto para os satisfeitos esse valor foi de 37 mil.

Resumindo, se você é uma dessas pessoas que precisam encontrar o melhor emprego possível, seu processo de escolha trará benefícios financeiros. De outro lado, segundo a pesquisa, os maximizadores tendem a sofrer mais emoções negativas e relatam menos satisfação com os empregos que escolhem.

Nas palavras dos cientistas, "comparados aos satisfeitos, os maximizadores se dão melhor em termos financeiros, mas acabam por se sentirem pior. Em sua busca por uma colocação após a formatura, os estudantes com tendências fortes de maximização não apenas buscam intensamente um conjunto maior de opções, reais e irreais, como também dependem mais diretamente de fontes externas de informação. Esses esforços resultam em maiores recompensas: os maximizadores conseguem salários 20% maiores que os indivíduos satisfeitos. Apesar disso, ficam menos contentes com os desdobramentos de sua busca de emprego e terminam, ao longo do processo, mais pessimistas, estressados, cansados, ansiosos, preocupados, assoberbados e deprimidos."

Em outras palavras, uma busca incessante pelo melhor dos empregos pode trazer elevados custos psicológicos. Se você é, por natureza, um maximizador, sempre à procura da melhor estação de rádio, do programa de TV mais interessante ou daquele grande emprego, pode ser preciso refletir sobre esse traço de personalidade. Ainda que ele possa levar a resultados melhores, não necessariamente o deixará mais feliz. Ao contrário, pode gerar tristeza e insatisfação por muito tempo.

Nas palavras sombrias dos autores, "mesmo quando conseguem o que querem, os maximizadores podem não querer o que conseguem (...). Quando o bem-estar subjetivo do indivíduo e o valor objetivo de uma decisão entram em choque, qual deve ser a prioridade? O que devemos fazer quando 'buscar o melhor' nos deixa pior?"

Talvez os maximizadores sejam de fato pessoas com perfil vencedor, que possuam expectativas muito elevadas. Por isso, não importa o quanto tenham sucesso, são menos felizes porque as realizações, mesmo assim, nunca alcançam suas expectativas.

Os cientistas abordaram essa ideia. Segundo eles, apesar de existirem mais maximizadores em universidades de primeira linha, não foi encontrada qualquer relação entre tendências de maximização e as médias nas notas obtidas pelos participantes. Também não se trata de imaginar que os maximizadores sejam, por natureza infelizes, pois mesmo controlando o experimento com base no nível de felicidade, eles terminam menos contentes ao final da busca por emprego.

O principal senão desse estudo está em incluir somente uma medida de sucesso objetivo – isto é, o salário –, ignorando outros aspectos das funções assumidas pelos estudantes que podem, de alguma maneira, ter afetado seu nível de felicidade. Não poderiam salários mais altos, por trazerem maiores responsabilidades e um ambiente mais competitivo, alterarem o estado psicológico dos indivíduos? Parece fundamental obtermos tal resposta, de forma a compreender, como colocam os pesquisadores, por que, quando certas pessoas conseguem o que mais desejam, nem sempre querem o que conseguem.

- Certas pessoas buscam sempre o melhor possível na vida, incluindo o melhor emprego do mundo; essa tendência pode impedi-las de serem felizes.
- Na verdade, o melhor emprego do mundo não existe, pouco importando o quanto nos esforcemos.
- O esforço pode até levar a um emprego melhor remunerado, mas pode, por outro lado, deixar-nos mais infelizes.

COMO FICAR MAIS INTELIGENTE EM DEZ MINUTOS

É possível aumentar seu Q.I. de forma bem simples: ouça Mozart durante dez minutos. A Sonata para Dois Pianos em Ré Maior é uma boa opção. Sabe-se hoje que a música desse compositor eleva, de forma significativa, o desempenho de inteligência, por melhorar nosso estado de espírito e injetar ânimo.

O chamado "Efeito Mozart" foi estudado, de forma mais recente, por William Forde Thompson e colegas, na Universidade de York, Canadá. Os impactos de Mozart foram inicialmente demonstrados por Francis Rauscher, Gordon Shaw e Katherine Ky (1993), que descobriram que participantes de um experimento apresentavam melhor desempenho em testes padrão de habilidades espaciais após ouvirem Mozart durante dez minutos, quando comparados com os efeitos de uma sessão de relaxamento em silêncio, pelo mesmo tempo.

Thompson e seus colaboradores deram sequência à pesquisa comparando o impacto de uma sonata de Mozart ao de um adágio de Albinoni. A hipótese era de que a sonata suscitaria um estado positivo de espírito e animação, enquanto o adágio deixaria as pessoas mais tristes e desanimadas.

Os voluntários foram submetidos a dez minutos da Sonata para Dois Pianos em Ré Maior ou ao mesmo tempo do Adágio de Albinoni em Sol Menor para Órgão e Cordas. Em seguida, passaram por "um subteste envolvendo cortar e dobrar, parte do Teste de Inteligência Stanford-Binet" – nele, os participantes devem observar um papel retangular sendo cortado e dobrado. Sua tarefa, logo após, consiste em determinar, entre cinco cortes não dobrados, a opção correspondente. Também foram avaliados seu estado de espírito e o nível de disposição.

Ao final, observou-se que os participantes tinham um melhor desempenho após ouvirem Mozart, quando comparado com o resultado após a sessão de relaxamento silencioso. A música de Albinoni não teve qualquer impacto sobre as habilidades espaciais dos voluntários. Depois da música de Mozart, os participantes demonstraram um estado de espírito mais elevado e mais disposição.

Os autores concluem que "o Efeito Mozart não é, no final das contas, algo tão misterioso". Sua música aumenta a disposição e eleva o estado de espírito, e são esses fatores que levam a um desempenho melhor nos testes de inteligência. Não obstante, a mensagem permanece: para se sair melhor no componente de habilidades espaciais de teste comuns de inteligência, coloque Mozart para tocar.

E quem, como eu, não gosta desse tipo de música? E se ele simplesmente faz lembrar sua falta de conhecimento da música e da cultura clássicas? Poderia um sentimento de inferioridade nesse sentido interferir nos efeitos positivos? De outro lado, se o chamado "Efeito Mozart" não é, no final das contas, algo tão misterioso, mas simplesmente o resultado de uma elevação nos níveis de humor e disposição, não teria um rock animado o mesmo efeito?

A resposta mais provável é que sim. Por isso, se você não aprecia a música clássica, ouça rock, hip-hop, rhythm and blues ou qualquer ritmo que eleve seu estado de espírito e o deixe bem disposto.

- É possível aumentar nosso desempenho, em termos de Q.I., ouvindo Mozart; sua música influencia de maneira específica nossas habilidades espaciais em testes padrão de inteligência.
- O chamado "Efeito Mozart" não se limita ao trabalho desse compositor; é resultado do impacto da música sobre nosso estado de espírito e disposição.
- Se você não gosta de Mozart, experimente Dizzee Rascal.

COMO INTERPRETAR UM APERTO DE MÃO

É comum pensarmos no aperto de mão como um elemento crucial das primeiras impressões que obtemos de alguém.

Um estranho cheio de si adentra a sala para uma entrevista de emprego. Ele tem o olhar firme e um andar confiante. Quando estende a mão, entretanto, oferece o cumprimento mais débil e frio já visto. Imediatamente, concluímos que o contato visual, o caminhar decidido e o jeito resoluto eram mero fingimento.

Mas, de fato, um aperto de mão pode dizer algo sobre a personalidade de uma pessoa? Segundo William Chaplin e seus colegas, da Universidade do Alabama, aparentemente, sim.

Em seu trabalho, esses cientistas treinaram pesquisadores para que oferecessem um aperto de mão "neutro" e avaliassem as respostas a ele.

"A mão devia ser estendida reta na altura da cintura, com o polegar elevado num ângulo de 45 graus. Ao contato com a mão do interlocutor, o pesquisador a envolvia, mas aguardava que o outro determinasse a força do aperto e dos movimentos para cima e para baixo. Além disso, esses voluntários eram instruídos a soltar a mão somente quanto o interlocutor relaxasse o cumprimento ou demonstrasse, de outras formas, qualquer sinal de que desejava encerrar o aperto de mão. Esses pesquisadores aperfeiçoaram a técnica treinando entre si e com outros indivíduos, até que estivéssemos seguros de que a haviam dominado."

Os participantes demoraram um mês para atingir a perfeição!

Cada interlocutor era então avaliado segundo oito dimensões:

1) Completude do aperto (1=muito incompleto, 5=completo);
2) Temperatura (1=frio, 5=caloroso);
3) Secura (1=úmido, 5=seco);
4) Força (1=fraco, 5=forte);
5) Duração (1=breve, 5=longo);
6) Vigor (1=baixo, 5=alto);
7) Textura (1=macio, 5=duro);
8) Contato visual (1=nenhum, 5=direto).

A personalidade de cada participante foi avaliada a partir de testes padronizados. Os resultados mostraram que as pessoas com apertos de mão mais firmes – caracterizados por "mais completude, força, vigor, duração mais longa e por se associarem a mais contato visual" – tendiam a ser mais extrovertidas e sociáveis, abertas a novas experiências e menos neuróticas e tímidas.

Portanto, o mais breve dos contatos humanos pode revelar aspectos importantes da personalidade. Também se concluiu que um aperto de mão firme pode suscitar julgamentos mais favoráveis, sobretudo para mulheres. As participantes com um cumprimento assim foram percebidas como mais "confiantes" e "assertivas" do que aquelas com características mais femininas.

Como então interpretar um aperto de mão? O segredo reside em se concentrar unicamente na firmeza – ao invés da secura, frieza ou debilidade. Se estiver em busca de alguém para uma função específica que seja "extrovertido" e "aberto a novas experiências", escolha sempre o cumprimento firme. De outro lado, se você está conhecendo alguém e quiser demonstrar essas mesmas qualidades, ofereça um aperto de mão vigoroso.

- Apertos de mão são um bom indicador de certos aspectos da personalidade.
- Cumprimentos firmes indicam pessoas mais extrovertidas e sociáveis, abertas a novas experiências e menos neuróticas e tímidas.
- Mulheres com um aperto de mão firme são vistas como mais confiantes e assertivas do que aquelas com um cumprimento mais feminino.

CAPÍTULO 9
CRIANÇAS

Seus filhos não são seus filhos; são os filhos e
filhas do desejo de vida da própria vida.
Khalil Gibran, "*Crianças*", em O Profeta

COMO AJUDAR SEUS FILHOS A TEREM ÊXITO ESCOLAR

Estimule seus filhos a se engajarem sempre em trabalhos em grupo para que tenham êxito na escola. Esse tipo de inclusão fomenta o desenvolvimento infantil por diferentes caminhos.

O trabalho grupal, evidentemente, encoraja relações com outras crianças, o que, por sua vez, propicia suporte emocional e estímulo durante o curso da atividade em si. Pesquisas demonstram que esses aspectos sociais e sentimentais do trabalho em conjunto têm impacto significativo sobre o desempenho escolar.

As relações grupais tanto podem se dar no âmbito do colégio, como no ambiente doméstico. Alguns tipos de relacionamento parecem estimular o desempenho escolar, enquanto outros têm efeito contrário. Quais são os fatores nesse sentido?

A formação de grupos sociais ao redor de certos objetivos é um aspecto das relações escolares que foi investigado por Cary Roseth, David Johnson e Rodger Johnson, da Universidade de Minnesota. Esses pesquisadores realizaram uma análise de todos os estudos (quase 14 mil) que avaliavam o impacto de distintas formas de estabelecimento de objetivos sobre o desempenho escolar e relações sociais entre adolescentes de 12 a 15 anos de idade.

Eles analisaram estruturas cooperativas de objetivos – "em que as metas de cada indivíduo encontram-se tão conectadas que há uma correlação positiva na sua consecução"–, estruturas competitivas – em que os adolescentes essencialmente competem entre si – e estruturas individualistas – "quando indivíduos se dão conta de que podem atingir seus objetivos mesmo que os outros não o façam."

O trabalho examinou a relação entre o nível de desempenho escolar e o caráter positivo dos relacionamentos entre os estudantes. A análise revelou que, "para alunos no início da adolescência, objetivos cooperativamente estruturados estavam associados a resultados escolares melhores". Portanto, quando adolescentes mais novos são estimulados a trabalhar de forma cooperativa, há uma tendência a maior interação entre eles, o que, por sua vez, fornece "suporte, informação e recursos necessários à realização de seus objetivos comuns".

O estudo, além disso, também descobriu que relações mais positivas com os colegas normalmente estavam ligadas a estruturas cooperativas, e não àquelas de caráter competitivo ou individualista. Levar os adolescentes a cooperar na realização de tarefas fomentou a interatividade entre eles, permitiu a construção de confiança, propiciou a formação de amizades mais sólidas e forneceu suporte e recursos necessários para que trabalhassem melhor.

A conclusão é cristalina: para que seu filho tenha sucesso na escola, desestimule qualquer visão competitiva ou individualista – ainda que isso possa ser tentador para alunos individualistas de talento. Convença-o a trabalhar em grupo e em prol de projetos de classe, aprendendo a confiar nos outros e a contar com eles. O resultado é duplo: ajuda-os a estabelecer relações com os colegas, algo tremendamente benéfico em termos psicológicos, e promove a excelência escolar.

Em certos aspectos, os resultados desse estudo são menos óbvios do que podem parecer. A relação estreita entre desempenho escolar e intensidade das relações com colegas não é tão evidente. Essas duas variáveis poderiam mesmo estar negativamente correlacionadas.

A pesquisa dá uma resposta definitiva, entretanto, para a solidez da conexão entre as relações de coleguismo no início da adolescência e resultados escolares. Há indicações claras de que qualquer tarefa, essencialmente cooperativa, melhora a natureza dos relacionamentos e o desempenho na escola.

Como qualquer estudo que analisa um vasto conjunto de outros trabalhos, o panorama dessa pesquisa é o mais amplo possível. Nesse espectro, diferentes caminhos para o êxito podem ter sido abarcados. É possível que alguns adolescentes obtenham melhores resultados por vias mais competitivas. Não obstante, esse importante trabalho deixa claro que, para a maioria, esse não é o caso. Por isso, o trabalho grupal deve ser estimulado e priorizado sempre que possível.

- Para ajudar a melhorar o desempenho escolar de seus filhos, estimule-os ao trabalho em grupo.
- O trabalho grupal fomenta o desenvolvimento de relações com os colegas, e isso propicia suporte emocional para o trabalho.

COMO ESTIMULAR SEUS FILHOS A APRENDER

Para que seus filhos aprendam um conceito mais rapidamente, estimule-os a utilizar as mãos durante o processo. É preciso demonstrar os gestos adequados. Para que identifiquem, por exemplo, os elementos ausentes em uma equação, ao invés de simplesmente explicar, mostre como fazer. Diga: "Quero que um lado fique igual ao outro." Ao mesmo tempo, mova sua mão esquerda em direção a esse mesmo lado da fórmula, fazendo o oposto com a mão direita.

O processo de repetir suas palavras e gestos fará com que aprendam mais rápido e melhor. A técnica é eficaz porque esses movimentos são facilmente realizados e liberam recursos mentais para o processamento das novas informações. Eles ajudam a criança a reter conhecimentos novos e a conectar seu processamento mental à tarefa em questão. As mãos indicam onde estamos, para onde direcionar a atenção, e fomentam a concentração.

Portanto, se você deseja que seu filho tenha um aprendizado sólido, não tome seus gestos espontâneos como elemento de distração ou sinal de nervosismo e insegurança. Encare-os como componente essencial da aquisição e aprendizagem de novos conceitos e estimule seu uso.

Essas são as conclusões de Susan Wagner Cook, da Universidade de Rochester, e seus colegas Zachary Mitchell e Susan Goldin-Meadow, da Universidade de Chicago (2008). Há provas consideráveis de que os gestos que fazemos espontaneamente com as mãos, ao pensar e conversar, são um componente fundamental das complexas atividades mentais que dão suporte à fala.

Uma pesquisa anterior realizada por Goldin-Meadow havia demonstrado que, entre crianças, a presença de gestos durante uma atividade de aprendizagem indica um provável domínio rápido da tarefa em questão. Ela também observou que as crianças que fazem gestos espontâneos durante a aprendizagem têm maior probabilidade de reter seu conteúdo.

A lacuna deixada por esse trabalho residia em permitir duas interpretações distintas de seus resultados. Seria a presença dos movimentos "simplesmente um reflexo da facilidade para a aprendizagem"– um tipo de indicação de que já fora absorvido o novo conceito e de que ele seria incorporado ao comportamento? Ou seriam os gestos, de alguma maneira, parte ativa da construção do novo conhecimento?

Por isso, em um novo experimento, Cook e colegas instruíram crianças de 7 e 8 anos a utilizarem movimentos com as mãos durante as explicações de equações matemáticas como:

$$4 + 3 + 6 = x + 6$$

Os participantes tinham que descobrir o valor de x e então explicar como haviam resolvido o problema. Eles foram testados segundo uma das três condições a seguir:

1) uma "condição verbal", em que a pesquisadora dizia: "Um lado deve ficar igual ao outro";

2) uma "condição gestual", em que a pesquisadora "movia a mão esquerda sob o lado esquerdo da equação, fazia uma pausa, e então movia a outra mão sob o lado direito da fórmula, pedindo às crianças que imitassem seus movimentos";

3) uma "condição verbal e gestual", em que dizia "um lado deve ficar igual ao outro", enquanto movia sua mão esquerda sob o lado esquerdo da equação e a outra mão, sob o lado direito da fórmula.

Nos três casos, as crianças deveriam repetir o que o pesquisador fizesse. Após algumas demonstrações, foram distribuídos problemas para que os participantes resolvessem.

As crianças instruídas a fazer gestos com as mãos durante a resolução tiveram um desempenho significativamente melhor. Não houve uma diferença sensível em termos de impacto entre a "condição gestual" e a "condição verbal e gestual", mas todas as crianças a quem se pediu que fizessem os movimentos com as mãos, fossem eles isolados ou acompanhados de voz, tiveram uma performance melhor ao longo do tempo, na realização da tarefa, quando comparadas com aquelas que utilizaram apenas a fala – uma taxa de êxito de 85% contra 33% entre as crianças que somente verbalizaram o raciocínio.

Trata-se, por várias razões, de um resultado surpreendente. A pesquisa conclui que, "quando se pede que crianças ilustrem com as mãos um novo conceito, os resultados, em termos de aprendizagem, são mais duradouros do que quando esse conceito é somente explicado com palavras. Nossos dados mostram, sem sombra de dúvida, que, quando estimuladas a realizar gestos (acompanhados ou não de verbalizações), as crianças retiveram o que haviam aprendido nas instruções. Muitas das crianças que expressaram a solução da equação somente em palavras durante seu aprendizado demonstraram uma memorização fugaz do novo conceito. Essas descobertas sugerem que o uso do corpo para a representação de ideias pode ser especialmente útil na construção e retenção de novos conhecimentos."

É extremamente importante por que os gestos facilitam a aprendizagem dessa maneira. Segundo os pesquisadores, entretanto, as várias interpretações teóricas possíveis ainda deixam sua resposta em aberto.

Uma das possibilidades é que a forma natural e sem esforço dos gestos desbloqueie recursos mentais que podem ser usados para processar outras informações. Em outras palavras, seria mais eficiente representar certas informações relevantes para a solução do problema através de movimentos corporais, em vez da fala ou de simplesmente armazenarmos tudo na cabeça.

Alternativamente, os gestos podem auxiliar a gravação da informação na memória de longo prazo e "produzir traços mais robustos na memória do que a expressão verbal". Realizar um movimento com as mãos representando parte da solução pode nos ajudar a lembrar mais efetivamente aquela parte específica do processo.

Uma terceira possibilidade é de que os gestos auxiliem o aprendizado por tornarem-no mais interativo com o mundo exterior. Eles serviriam, em essência, para estabelecer conexões entre as representações mentais e a realidade. Os movimentos, nesse sentido, manter-nos-iam conscientes do ponto preciso em que nos encontramos na solução de um problema.

Apesar da incerteza em relação a essa resposta – as três interpretações podem, na verdade, ter algo de correto –, o trabalho mostra que uma criança em processo de aprendizagem deve ser estimulada a realizar gestos durante o processo de absorção de novos conhecimentos. Esses movimentos são úteis inclusive para operações mentais complexas, como a matemática.

A principal interrogação em relação a essa pesquisa diz respeito ao quanto seria possível generalizarmos esses efeitos dos gestos na aprendizagem.

Os movimentos realizados pelos adultos e crianças foram bastante simples, essencialmente direcionando a atenção dos alunos de um lado para o outro da equação. Outros tipos de gestos teriam o mesmo impacto? Afinal, quando conversamos – adultos ou crianças –, fazemos com frequência movimentos bastante complexos para representar ideias ainda mais complicadas.

Há sempre a possibilidade de que certos gestos não facilitem nosso desempenho, dificultando o raciocínio se não forem adequados.

De modo geral, entretanto, quando gesticulamos, esses movimentos são inteiramente apropriados para as operações mentais em que nos encontramos envolvidos. O reconhecimento e estímulo a esses gestos ajudam a adquirir habilidades mentais fundamentais.

A última frase do artigo em que essa pesquisa é divulgada me parece muito apropriada: "Uma forma de promover mudanças duradouras na mente das crianças pode ser mudar aquilo que fazem, ao invés do que dizem."

É uma ideia importante com óbvias implicações práticas – algumas das quais só agora estão se tornando mais evidentes.

- Torne a aprendizagem mais fácil para seu filho estimulando-o a gesticular durante a recepção de novos conhecimentos.
- Esses gestos desbloqueiam recursos mentais.
- Os movimentos das mãos ajudam a armazenar informações na memória de longo prazo e forjam impressões mais robustas na memória.
- Os gestos estabelecem elos entre as operações mentais e o mundo exterior.

COMO AUMENTAR O Q.I. DE SEUS FILHOS

Para aumentar o Q.I. de seus filhos, matricule-os em aulas de música. O aprendizado musical demanda concentração prolongada, disciplina para a prática diária, a memorização de passagens musicais e convenções para a expressão musical de emoções. Aprender a tocar um instrumento envolve um conjunto de processos mentais e físicos que pode ter impacto sobre o desenvolvimento cerebral.

Crianças de 6 anos de idade que passaram por 36 semanas de aprendizagem musical tiveram Q.I. aumentado em média sete pontos – valor significativamente mais elevado que aqueles dos grupos de controle, que frequentaram aulas de teatro ou não passaram por nenhum processo de aprendizagem.

Não obstante, o grupo de teatro aperfeiçoou de maneira significativa seu comportamento social como resultado do processo. O desempenho dos alunos de música foi particularmente expressivo em termos do aumento de sua capacidade de concentração e da aceleração do processamento mental.

Portanto, para que seu filho se torne mais inteligente, submeta-o a aulas de música o mais cedo possível. Se quiser que ele não apenas seja mais inteligente, mas mais sociável, matricule-o também em aulas de teatro.

Glenn Schellenberg, da Universidade de Toronto, afirma haver uma série de razões para que aulas de música elevem o Q.I. de uma criança.

A música estimula exatamente os tipos de processos mentais que podem afetar de maneira positiva o desenvolvimento do cérebro. Pesquisas anteriores haviam demonstrado que a aptidão para a música está associada a uma gama de atividades mentais que inclui inteligência genérica, bons níveis de desempenho em matemática e memória privilegiada.

O problema, entretanto, é que evidentemente o nexo de causalidade pode se dar na direção contrária. Crianças naturalmente talentosas podem tender a buscar a música por uma afinidade espontânea. Para sanar essa dúvida, Schellenberg desenhou um experimento em que submeteu um amplo grupo de crianças de 6 anos de idade a uma de quatro condições: duas delas envolviam aulas de música – uma concentrada em teclado e outra, na voz – e duas situações de controle – uma com lições de teatro e outra sem qualquer tipo de aula.

Os resultados mostraram que, comparadas aos grupos de controle, as crianças que passaram pela aprendizagem musical aumentaram de forma expressiva o Q.I.; a concentração também se intensificou, assim como a velocidade para o processamento de informações.

O teatro, por sua vez, aperfeiçoou as habilidades sociais das crianças, conforme uma avaliação feita pelos próprios pais, englobando um conjunto de tipologias de comportamento.

O aprendizado musical envolve evidentemente um conjunto de experiências que pode ter impacto sobre o Q.I., incluindo processos ligados à atenção, à memória e à concentração.

A pesquisa não nos permite apontar com segurança qual desses fatores tem preponderância. Há sempre, além disso, a possibilidade de que causa esteja ligada a elementos mais gerais.

O bom desempenho infantil em aulas de música pode ter impacto na autoconfiança e na capacidade de superação em outras tarefas, incluindo o Quociente Intelectual.

- O aprendizado musical eleva o Q.I. do seu filho.
- Ele engloba uma série de processos mentais e físicos que afetam o cérebro durante o desenvolvimento.
- Aulas de teatro ajudam na socialização, mas não levam a alterações de Q.I.

COMO ESCOLHER UMA CANETA PARA UMA PROVA

Para se sair bem em um exame, evite canetas vermelhas. Essa cor indica perigo, estimulando a atividade do córtex frontal direito, porção do cérebro associada a comportamentos de fuga.

Após termos contato com a cor vermelha, nosso desempenho fica prejudicado numa variedade de testes, incluindo o Quociente Intelectual. Diante de múltiplas escolhas, também tendemos a preferir tarefas menos desafiadoras após a visualização do vermelho. Essa cor provavelmente sugere iminência de fracasso ou derrota, e por isso tem impacto sobre nossas capacidades.

Portanto, se um exame se aproxima, evite canetas vermelhas e fuja de livros, cadeiras, paredes ou qualquer objeto com essa cor. Compre uma caneta verde.

Andrew Elliot e seus colegas, da Universidade de Rochester, nos Estados Unidos, conduziram uma série de experimentos para analisar o impacto das cores sobre nossas capacidades. Sua principal conclusão é de que, independentemente da tarefa em questão, o vermelho, mesmo após breves exposições, é uma cor debilitante.

Em um dos experimentos, os participantes tinham que solucionar anagramas como este:

Anagrama: EBBER   Solução: BEBER

Apenas a cor do número do voluntário mudava no teste. Quando ele aparecia grafado em vermelho, a quantidade de anagramas que cada indivíduo conseguia resolver em média durante cinco minutos ficou abaixo de 4,5. De outro lado, quando a cor do número era preta ou verde, esse valor ficou acima de 5,5.

Em seguida, foram avaliados os efeitos das cores na resolução da subseção de analogias de um teste de Q.I.. Dessa vez, a capa do teste vinha impressa em diferentes tonalidades. Novamente, os participantes na "condição vermelha" se saíram pior que aqueles que receberam capas nas cores verde e branca.

Por último, a mesma tendência também foi verificada em problemas de matemática.

Medidas efetuadas através de eletroencefalogramas mostraram maior atividade na parte frontal direita do cérebro dos participantes expostos ao vermelho que naqueles que receberam estímulos verdes ou cinza.

Pesquisas anteriores haviam demonstrado essa associação entre ativação frontal direita e comportamentos de fuga, o que foi adicionalmente evidenciado por outro experimento, em que os participantes tinham que fazer escolhas entre testes de analogias mais ou menos difíceis. Aqueles expostos à cor vermelha demonstraram maior preferência pelas tarefas mais fáceis.

A conclusão dos pesquisadores foi de que o contato com a cor vermelha, antes de um teste de capacidades, tem impacto negativo sobre nosso desempenho. Mais ainda, essa exposição nos predispõe a evitar tarefas desafiadoras, associando-se a um nível mais elevado de atividade cortical direita.

Segundos os cientistas, "os resultados sugerem cuidado no uso da cor vermelha em contextos ligados a testes de capacidades. Eles ilustram ainda o papel das cores como sinalizadores ambientais sutis de importante impacto sobre o comportamento."

Tudo isso se processa num nível inconsciente. A cor vermelha deve, entretanto, ser evitada nessas situações em que há a possibilidade de resultados positivos (sucesso) e negativos (fracasso). O vermelho é problemático por inconscientemente sugerir a possibilidade da derrota, afetando nosso desempenho.

A lição mais óbvia desse estudo é de que não devemos pintar com a cor vermelha escolas, locais de trabalho ou qualquer ambiente onde a superação seja um elemento relevante. A pesquisa, entretanto, vai mais além.

Os cientistas lembram que testes de Q.I. foram utilizados em seu experimento: "a aplicação desses testes é rigidamente uniformizada no que diz respeito à sua dificuldade e à alocação de tempo. Não obstante, fatores como a cor das roupas usadas pelos examinadores e das canetas trazidas pelos examinados podem variar. A descoberta de que um elemento aparentemente desimportante, como a cor da capa do teste, tem efeito expressivo em seus resultados, faz-nos questionar a aparente irrelevância desses outros fatores, sugerindo a necessidade de procedimentos ainda mais rigorosos nessas situações."

O aspecto mais extraordinário dos resultados dessa pesquisa é a solidez desses efeitos. Foram cabalmente demonstrados os impactos da cor num amplo conjunto de tarefas, mesmo diante de um contato ínfimo.

O efeito aparentemente se dá de forma absolutamente inconsciente, tendo em vista a associação do vermelho ao perigo e a comportamentos de fuga, o que afeta nossa maneira de raciocinar.

A validade desses impactos diante de elementos como cor das roupas ou de uma caneta não é absolutamente clara. Pode haver contextos em que esse efeito negativo seja anulado. De outro lado, é possível que esse impacto seja algo tão profundamente enraizado em nossa biologia que prevaleça em qualquer situação.

- O vermelho é um sinal de perigo em muitas situações, estimulando a atividade daquela parte do cérebro (o córtex frontal direito) associada a comportamentos de fuga.
- Em contextos em que nossas capacidades são testadas, o vermelho inconscientemente sugere fracasso, afetando nosso desempenho.
- Nunca use uma caneta vermelha numa prova.

COMO AJUDAR SEU FILHO A ADQUIRIR INTELIGÊNCIA EMOCIONAL

A inteligência emocional é um aspecto fundamental da vida cotidiana. Ela nos fornece a capacidade para interpretar o estado emocional de outras pessoas a partir de seu comportamento não verbal e de aspectos de sua prosódia, isto é, da entonação e ritmo da fala. Esses elementos podem indicar emoções como alegria, tristeza, raiva e medo.

Segundo William Forde Thompsom e seus colegas da Universidade de Toronto, em Mississauga, no Canadá, a alegria tende a ser marcada por "ritmo acelerado e tons agudos, com variação mais ampla de frequência, bem como por uma 'vivacidade da voz.'"

A tristeza transparece num "ritmo lento, tons mais graves, em frequências mais restritas e numa voz mais suave; a raiva se associa a ritmos mais intensos, tons elevados, variações de frequência e padrões de tons ascendentes. O medo, por fim, vem acompanhado de ritmo veloz, tons agudos, espectro e variações maiores de frequência e mudanças no volume."

Emoção	Ritmo	Tom	Espectro	Qualidade
Alegria	Rápido	Agudo	Amplo	Vivacidade
Tristeza	Lento	Grave	Estreito	Suavidade
Raiva	Rápido	Agudo	Amplo	Tons ascendentes
Medo	Rápido	Agudo	Amplo	Ampla variação de tom e volume

Aprendemos a identificar cotidianamente a associação entre esses padrões de fala e as emoções. Trata-se de uma importante habilidade, pois, quanto mais sensíveis a esses elementos, maior nossa inteligência emocional e, portanto, melhor nosso desempenho nas interações do dia a dia.

Alguns psicólogos sugerem, entretanto, ser possível aperfeiçoarmos essas habilidades através de uma atividade não relacionada à interação social – uma vez mais, a música.

O argumento é relativamente simples: tanto na música, como na fala, as emoções são expressas através dos mesmos elementos básicos, isto é, ritmo, amplitude de frequências, tonalidades e ênfases.

Tendo isso em mente, Thompson e seus colegas submeteram um grupo de crianças com 6 anos de idade a 12 meses de treinamento de piano ou canto. Alternativamente, alguns desses participantes receberam aulas de teatro ou não passaram por nenhum tipo de aprendizagem.

Os resultados mostram que as crianças que aprenderam a tocar piano se tornaram também mais hábeis na identificação das emoções contidas na fala e na música. Para eles, não se trata de uma coincidência, pois o processo de captação de sentido emocional é muito semelhante para as duas formas de expressão.

Assim, para que seus filhos adquiram inteligência emocional e se tornem capazes de interpretar as emoções das outras pessoas, matricule-os em aulas de piano logo cedo – se puder pagá–las. Do contrário, simplesmente se esforce para que vocês interajam regularmente de forma livre e alegre.

- Conversas constantes ajudarão seus filhos a desenvolverem inteligência emocional.
- Na música e na fala, as emoções se expressam através dos mesmos elementos básicos: ritmo, amplitude de frequências, tons e ênfase.
- Aulas de música ajudarão, portanto, a ampliar a inteligência emocional de seus filhos.

CAPÍTULO 10

AMIGOS PARA SEMPRE

A verdadeira amizade aparece em momentos difíceis; a prosperidade é plena de amigos.
Eurípedes, *Hecuba*, cerca de 425 a.C.

COMO FOFOCAR COM MAIS EFICIÊNCIA

Entender por que fofocamos pode nos ajudar a ser mais eficientes nesse ato. Em essência, o fazemos para consolidar relações dentro de um grupo social. Isso ocorre por meio da escolha de alguém a quem confidenciar certas informações e de uma pessoa para ser o tema da fofoca. Essas duas definições são cruciais para o êxito do processo.

Sinalizamos ao interlocutor – a escolha número um – a preferência por ele ou por ela – entre outras possibilidades – para compartilhar informações sobre um terceiro, o "alvo" do fuxico – escolha número dois.

A definição desse alvo é fundamental para que a troca frutifique. A melhor aposta reside em alguém do mesmo gênero e com aproximadamente a mesma idade de seu interlocutor. O tema possivelmente despertará o interesse dele ou dela porque a principal função da fofoca é nos situar em posição superior com relação a rivais em potencial. Alguém do mesmo sexo e em faixa etária similar se adequaria perfeitamente nesse sentido.

Através da fofoca também recordamos nosso interlocutor das regras e normas de nosso grupo social. Em essência, reforçamos, nesse mecanismo, os laços que nos conectam e sancionamos comportamentos desviantes, escolhendo um alvo sobre o qual conversar para criticar sua forma de ser ou seus atos.

Todos adoramos fofocas sobre celebridades. Também nesse caso, entretanto, o processo tem melhor resultado se o alvo é do mesmo gênero e tem idade semelhante à nossa. A função é idêntica: rebaixamos as celebridades para que possamos, em alguma medida, colocarmo-nos acima delas.

A fofoca cumpre uma série de papéis importantes nos grupos sociais. Trata-se de um poderoso lembrete da importância dos valores compartilhados pelo grupo, funcionando potencialmente como uma barreira eficaz para impedir desvios. Ela também serve como importante aglutinador do grupo, pois a cada vez que escolhemos alguém para confidenciar algo, estamos em essência assumindo um risco – idealmente desejamos que a informação seja bem recebida e retribuída com mais confidências.

Ela representa uma poderosa força, pois permite manchar a reputação de competidores ou inimigos por meio de informações negativas. Dada sua importância em contextos grupais, não surpreende que a psicologia evolucionária a tenha estudado de forma aprofundada.

Uma pesquisa coordenada por Frances McAndrew e seus colegas do Knox College, sustenta a hipótese de que a fofoca se destine essencialmente a promover interesses individuais, o que torna competidores em potencial seu tópico preferencial. O trabalho argumenta que "a propensão humana à fofoca representa uma adaptação psicológica em termos evolutivos que possibilitou o êxito social de indivíduos em nossos ambientes ancestrais."

McAndrew e seus colaboradores forneceram a voluntários um conjunto de cenários hipotéticos de fofoca. Os participantes deveriam lê-los e, em seguida, relatar o quanto se interessavam pela história, qual seria sua propensão a passá-la adiante e para quem.

Os resultados revelaram de maneira bastante clara o interesse dos indivíduos por fofocas sobre pessoas do mesmo gênero. Houve uma tendência significativa também de espalhar informações negativas sobre rivais em potencial, em comparação com amigos. Comportamentos desonestos ou irresponsáveis de possíveis competidores despertaram interesse mais expressivo. Atos positivos desses mesmos alvos não constituíram tópico interessante para fofocas.

Essas tendências mostraram-se ainda mais pronunciadas entre as mulheres. No experimento, houve uma tendência três vezes maior entre elas em desejar fofocar sobre rivais do mesmo sexo, quando comparada à vontade de falar sobre o marido ou namorado.

A fofoca é aparentemente um fenômeno onipresente com muitas funções sociais importantes. O estudo de McAndrew analisa uma hipótese relacionada a um de seus potenciais determinantes-chave, isto é, o desejo de se colocar acima de rivais em potencial.

A maior limitação dessa pesquisa foi o uso de um teste escrito para avaliá-la, ao invés de um trabalho de campo que, por assim dizer, englobasse todas as suas feições dinâmicas.

Seria interessante observar como os detalhes originais de um relato são modificados e transformados na busca por status pessoal e rebaixamento do alvo da fofoca. Um aspecto relevante do processo reside precisamente no fato de que a fofoca aumenta a cada vez que é transmitida.

- O ato de fofocar se relaciona essencialmente ao reforço de laços sociais.
- A fofoca é uma força poderosa por permitir manchar a reputação de competidores ou inimigos através de informações negativas.
- O alvo mais interessante para uma fofoca é sempre alguém do mesmo gênero e idade aproximada de seu interlocutor.
- Cada fofoca significa assumir um risco na escolha de um interlocutor e de um alvo; ela não teria o mesmo poder se não houvesse esse fator de risco.

COMO CONTAR UM SEGREDO

Guardar segredos importantes não é algo saudável, tanto em termos físicos, quanto psicológicos. É muito melhor dividi-los com alguém em quem se possa confiar.

Para nos sentirmos melhor, entretanto, é fundamental atentarmos para a maneira pela qual nos desvencilhamos dessas confidências. Concentrar-se em articular suas próprias emoções pode fazê-lo se sentir muito pior. O foco deve estar em compreender melhor e em lançar luz sobre novos aspectos do fato, o que ajuda a amarrar o problema. O simples desabafo emocional não é de grande valia.

Há impactos significativos também para a pessoa com que se confidencia. O mais comum é buscarmos interlocutores confiáveis que, sabemos, guardarão o segredo. Não obstante, para nos sentirmos melhor, o confidente ideal é aquele que demonstra certo grau de entendimento em relação ao ocorrido.

Portanto, se você precisa contar um segredo importante, procure alguém que realmente possa explicar aquilo que é contado e que se concentre em olhar o ocorrido sob uma nova perspectiva. Os resultados serão mais positivos, a curto e a longo prazo.

Anita Kelly e seus colegas da Universidade Notre Dame, investigaram as características essenciais desse processo.

Sabemos que guardar segredos pode ser prejudicial do ponto de vista psicológico. Pessoas que não dividem informações negativas com seus amigos tendem, por exemplo, a ser mais deprimidas e a ter autoestima mais baixa. Há inclusive evidência de que homens gays não assumidos têm maior propensão a desenvolver câncer e doenças infecciosas num período de cinco anos, quando comparados àqueles que saíram do armário. O que afinal, no compartilhamento de segredos, faz-nos sentir melhor?

Kelly e seus colegas apontam dois mecanismos gerais.

O primeiro deles relaciona-se ao entendimento e à explicação. A oportunidade de desabafar com alguém, muitas vezes, propicia revelações sobre o sentido do que ocorreu e seus motivos. Falar sobre algo implica juntar as partes e tecer uma narrativa coerente. Esse processo de construção de significado propicia entendimento e assimilação. Essa é a "hipótese da explicação" para justificar o compartilhamento de segredos.

O mecanismo alternativo, essencialmente calcado em emoções, é o da catarse. Freud e Breuer (1895/1955), a quem essa ideia é frequentemente associada, sugeriam ser a catarse um dos componentes centrais da terapia. "O paciente só se livra dos sintomas histéricos por meio da reprodução das impressões patológicas que os causaram e ao expressá-los de maneira afetuosa" (Freud e Breuer, 1895/1955, p. 283).

A despeito de que posteriormente muitos psicólogos tenham encarado a catarse simplesmente como extravasamento de emoções, na visão de Freud, ela significava a ligação entre racional e irracional, entre entendimento e emoção.

Pesquisas seminais feitas por Pennebaker e colaboradores (1990) haviam considerado a importância do entendimento e da catarse na revelação de segredos, sugerindo que talvez o primeiro processo fosse o mais importante.

Ele descobriu que calouros que escreveram sobre a experiência de chegar à universidade tendiam a relatar que a parte mais valiosa do exercício residia em propiciar compreensão dos próprios pensamentos e comportamento. Uma pequena minoria apenas (10%) considerou que a experiência fora útil por possibilitar extravasar emoções.

Esses estudos formavam a base teórica da pesquisa de Kelly. Ela pediu a seus voluntários que "escolhessem o segredo mais íntimo e pessoal que já haviam dividido com alguém", e que apontassem até que ponto isso fora uma experiência catártica ou que propiciara novas reflexões sobre o fato e aquilo que o cercava.

As emoções e o estado de espírito dos participantes após contarem seu segredo foram avaliados. Também se pediu que eles apontassem as características de seu confidente – em termos de seu "discernimento", "confiabilidade" e "atratividade".

Os resultados foram surpreendentemente claros. Não é a intensidade da catarse que determina como nos sentimos após revelarmos um segredo, mas sim o nível de entendimento que se ganha com isso. Na realidade, Kelly e seus colegas constataram que os participantes que relataram conseguir realmente extravasar suas emoções terminaram com sentimentos mais negativos a respeito do segredo em si.

Ao escolher com quem compartilhar um segredo, a "confiabilidade" e "capacidade de guardar segredos" foram avaliadas como atributos mais importantes num confidente. Não obstante, o que mais propiciou resultados emocionais positivos foi o "discernimento" desse interlocutor. Nas palavras dos pesquisadores, "os resultados indicam uma possível discrepância entre aquilo que dizemos buscar num confidente e o que realmente nos é mais útil."

Parece claro, portanto, que, para nos sentirmos melhor ao contar um segredo, é mais importante encontrar alguém que saiba do que estamos falando, ao invés de simplesmente uma pessoa que seja discreta.

Num segundo trabalho, os participantes foram explicitamente instruídos a enfatizar um dos dois processos: 1) "concentre-se em dar sentido a seu segredo ou em ganhar uma nova perspectiva sobre ele; construa uma nova visão, mudando sua maneira de pensar sobre o fato; seu único propósito ao escrever é dotar seu segredo de significado – entendê-lo de uma maneira nova ou posicioná-lo de forma diferente", ou 2) "concentre-se em seus sentimentos em relação ao segredo e em livrar-se dele; escreva sobre suas emoções sem racionalizá-las ou explicá-las; seu único propósito ao escrever é extravasar seus sentimentos – fazer emergirem suas emoções e liberá-las."

Uma vez mais, os resultados foram claros. Os participantes que se concentraram em ganhar entendimento demonstraram maiores ganhos emocionais. Os demais não melhoraram seu estado de espírito após extravasarem suas emoções.

Dessa maneira, se você deseja desabafar, o importante é se concentrar em construir uma nova perspectiva a respeito dos fatos. Não se trata de extravasar emoções, mas sim de entender aquilo que aconteceu.

É importante enfatizar que os segredos investigados nesse trabalho não eram triviais. Eles incluíam estupros, negligência na infância, tentativas de suicídio, vício em drogas, gravidez indesejada e abortos.

Segundo os autores, o funcionamento dessa via do entendimento se deve à possibilidade de fechamento da experiência. Esse processo foi inicialmente estudado de forma sistemática pelo psicólogo russo Bluma Zeigarnik (1927). Ele demonstrou que a ausência de um ponto final na compreensão de um evento leva à sua reverberação na mente e a lembranças muito mais nítidas.

Um exemplo clássico é o de assistir a apenas três quartos de um filme. A lembrança será muito mais sólida que a de um filme visto integralmente. Segundo Kelly e seus colaboradores, isso se aplica também a eventos difíceis do dia a dia que reprimimos sem compreender em sua totalidade e sem dotá-los de fechamento adequado.

Resta, entretanto, um resultado intrigante nesse estudo, que sugere existirem aspectos do processo de revelação ainda não plenamente entendidos.

No primeiro trabalho, os pesquisadores demonstraram que a ênfase na catarse levava a uma intensificação das emoções negativas associadas ao segredo. Na segunda pesquisa, todavia, esse incremento dos sentimentos ruins não ocorreu. No trabalho inicial, havia um confidente, mas naquele que se seguiu os participantes simplesmente escreveram sobre seus segredos – uma diferença significativa entre os dois experimentos que não foi explicada.

O motivo pode residir no fato de que, ao compartilharmos um segredo, a menos que o relato leve efetivamente a um novo entendimento, a mera expressão de emoções pode gerar antipatia. Novas pesquisas se fazem certamente necessárias para deslindar essa relação crítica entre tipos de confidentes e reações aos segredos.

- Não se concentre em simplesmente extravasar emoções ao contar um segredo.
- Para obter mais benefícios psicológicos ao compartilhar um segredo, aproveite para desenvolver um novo entendimento aprofundado do fato.
- Escolha um amigo que vá entender o que será contado, e não simplesmente alguém capaz de guardar segredos.

COMO MANTER (VOCÊ E SEU FILHO) IMUNES A MÁS INFLUÊNCIAS

O mau comportamento é necessariamente algo contagioso? Em outras palavras, se você ou seu filho vê alguém fazendo algo errado, imoral ou antiético, sua tendência natural seria imitá-lo? O mau comportamento sempre nos influencia e, portanto, não haveria como nos contrapormos a ele?

Se, por exemplo, alguém se beneficia de um comportamento errado, como colar numa prova, e você viu isso acontecer, como não pensar, mesmo inconscientemente, que colar é algo positivo? Afinal de contas, a lição possivelmente depreendida, mesmo contra a sua vontade, é a de que, se todo mundo o faz, por que não deveríamos fazê-lo também?

É possível afastar-se desse tipo de influência concentrando-se nas diferenças, em termos de grupos sociais, entre você e o transgressor. Mesmo que essa pessoa aparente muita semelhança, em relação à idade e à posição social, observe as distinções que existem: "ele não é um estudante nota 10" ou "ele não fazia parte do grupo que ia à biblioteca todas as tardes". Ainda que vocês sejam colegas e pertençam à mesma organização, ambos farão parte de inúmeros grupos sociais diferentes. Enfatize essas distinções em sua mente para se tornar imune a qualquer influência e se impedir de ser arrastado para a mesma via.

Princípio idêntico se aplica para evitar que crianças sejam influenciadas por maus modelos. Aponte as diferenças entre essa influência negativa e a criança, dotando-as de relevância. Isso reduzirá o efeito da ascendência desse comportamento sobre seu filho.

Francesca Gino, da Universidade da Carolina do Norte, e Shahar Ayal e Dan Ariely, da Universidade Duke (2009), avaliaram os efeitos da exposição a comportamentos desonestos sobre o nível de transgressão de indivíduos.

Para eles, existem, a princípio, diferentes maneiras pelas quais tal exposição a comportamentos desonestos poderia resultar em falta de honestidade na pessoa que testemunha essas ações.

Em primeiro lugar, se alguém age de forma errada e se safa, isso pode mudar nossa visão em relação à probabilidade de ser punido. Afinal, essa seria uma demonstração de que agir erroneamente pode trazer frutos.

Em segundo lugar, essa exposição poderia estimular desonestidade por tornar o ato mais saliente. Ao notá-lo, o dilema moral ganharia importância. Refletindo sobre a moralidade de ações como essa, o indivíduo poderia se tornar menos honesto.

Por fim, testemunhar um ato desonesto poderia nos levar a mudar nosso entendimento daquilo que consideramos normal. E é aqui, segundo os pesquisadores, que as categorizações dos grupos sociais ganham importância, pois "a influência de normas sociais traz outro fator importante que pode determinar o grau de impacto de comportamentos antiéticos à nossa volta: nosso grau de identificação com o transgressor. Quando essa identificação é intensa, o comportamento alheio terá uma influência maior nas normas sociais do observador."

Por isso, segundo os pesquisadores, o fato de o transgressor ser visto como parte do grupo, ou não, pode ser crucial para a geração de comportamentos desonestos diante de atos imorais.

Essas questões foram testadas expondo voluntários a atos desonestos durante uma tarefa experimental. O transgressor executava a tarefa de forma absurdamente rápida e aparentemente ninguém se importava com isso.

Os participantes eram todos estudantes universitários. Dessa forma, o pertencimento ao grupo foi sugerido, pedindo ao transgressor que vestisse uma camisa contendo a logomarca da universidade onde a pesquisa ocorria ou de uma instituição diferente.

Os resultados mostraram que os comportamentos desonestos se tornaram ligeiramente mais frequentes quando os participantes testemunhavam transgressões, mas que sua ocorrência era significativamente maior quando o perpetrador dos atos desonestos pertencia à mesma universidade.

Dessa forma, a simples exposição a atos desonestos não tem impacto dramático sobre nosso comportamento moral. O enquadramento do transgressor, em termos do grupo social a que pertence, é um fator muito mais relevante. Um indivíduo de outro grupo social dificilmente mudará a visão de alguém em relação a que comportamentos são adequados.

Num experimento subsequente, os pesquisadores chegaram a afirmar que testemunhar a desonestidade de alguém que não pertence ao grupo pode mesmo intensificar o comportamento honesto. Sua imoralidade refletiria os valores do grupo a que pertence, tornando-nos mais honestos ao enfatizarmos a diferença entre nós mesmos e essa pessoa.

Portanto, o que fazer para nos tornarmos imunes (ou às nossas crianças) a comportamento antiéticos? Não desanime: testemunhar comportamentos errados não necessariamente nos leva nesse caminho. Reconheça que cada indivíduo pertence simultaneamente a um conjunto de grupos sociais e enfatize a diferença entre você – ou seu filho – e o indivíduo transgressor. Mesmo que, por exemplo, vocês trabalhem na mesma instituição, se ele ou ela está alocado no Departamento de Marketing há vários anos, é possível redefinir o pertencimento a grupos por essa via, o que evita sermos influenciados da mesma forma.

Esse estudo considerou apenas uma possibilidade de filiação a grupos, isto é, o pertencimento a uma universidade, mas todos nos encaixamos em muitos grupos de forma simultânea – mesmo estudantes universitários com pouca experiência pertencem a vários deles (homem, branco, em torno de vinte anos, aluno média nove, namorando, experiência de viagens ao exterior, usuário ocasional de drogas etc.) e essa filiação a cada um dos grupos, conforme as circunstâncias, torna-se mais ou menos relevante – "Não preciso colar, já tenho média nove de qualquer maneira."

Pode-se argumentar que essas categorizações representam um processo cotidiano ativo, à medida que pensamos sobre nossas relações de pertencimento, mais do que algo que nos é imposto, como no estudo relatado, em que o transgressor usava uma camisa da mesma universidade. Um processo de classificação ativo pode, quem sabe, amenizar os efeitos de se testemunharem comportamentos antiéticos. Não foi esse, entretanto, o objeto da pesquisa.

- Nem tudo está perdido se você ou seu filho são expostos a influências negativas.
- Se você ou seu filho são expostos a influências negativas, estabeleça todas as diferenças em relação à pessoa em questão.

CAPÍTULO 11
RECOMPONDO-SE

A mente é uma estranha máquina que combina os materiais que lhe são oferecidos das mais incríveis maneiras imagináveis.
Bertrand Russell, *A conquista da felicidade*, 1930

COMO ENGANAR SEU CÉREBRO PARA QUE SE RECOMPONHA

Apresento aqui uma tentativa mais pessoal para me restabelecer (ou manter) minha margem de vantagem. Trata-se também de um relato sobre diferentes tipos de perdas e sobre como a psicologia pode ou não nos ajudar. Creio, entretanto, existirem lições aqui que, no final, transcendem questões individuais.

Casei-me com Carol quando éramos, nós dois, estudantes em Cambridge. Ela fora minha primeira namorada, oriunda das mesmas ruas estreitas da parte norte de Belfast, e me seguiu, cruzando o mar, rumo à universidade e depois em direção ao norte da Inglaterra, para Sheffield e nossos primeiros empregos.

Deveria ter sido uma época promissora. Meu irmão Bill acabara de se casar na Escócia, naquele ano, e comprara sua primeira casa, e minha mãe parecia mais feliz que nunca. "Tudo está finalmente dando certo para nossa família. Você tem um trabalhinho, seu irmão está se estabelecendo", ela gostava de dizer.

Então, poucos meses depois, meu irmão foi escalar no Himalaia. Ele estava decidido de que aquela seria sua última expedição. "Nem sei por que estou indo, na verdade", disse Bill, quando o vi pela última vez. "Não sinto mais a mesma atração de antes."

Ele nunca retornou daquela aventura; morreu numa montanha chamada "Nanda Devi" e lá descansa sob uma pilha de pedras soltas, seu nome rabiscado com sílex numa delas.

Uma de minhas últimas lembranças foi a de carregá-lo, junto com seus amigos, até o carro no seu casamento. Em retrospecto, meu sentimento é o de que levantava um caixão rumo à sepultura. Não era essa a sensação naquele momento, mas assim parece, na imaginação, ao olhar para trás.

O período após sua morte foi um tempo estranho e perturbado para mim. Durante cinco meses, minha principal emoção era um tipo difuso e desfocado de raiva. Eu perdera, é claro, meu pai, quando ainda era garoto, mas só fui conseguir chorar abertamente essa perda cinco anos depois.

Meu tio costumava dizer que, após a morte do meu pai, "eu simplesmente fechara as cortinas" (dá para entender por que alguns dos conselhos deste livro me poderiam ter sido úteis). Então, certa noite, no Hyde Park, logo em Londres, tomei uma garrafa de vinho tinto barato e chorei a morte do meu pai diante de Carol. Tínhamos ido de carona para assistir a um show gratuito. Não era minha intenção abrir-me emocionalmente dessa maneira, eu não o planejara, tudo simplesmente aconteceu. As comportas se abriram. Eu nunca havia imaginado que chorar pudesse me fazer sentir melhor – sempre considerara que simplesmente nos deixava mais vulneráveis.

Quando Bill morreu, eu não sabia o que fazer. Chorar novamente? Chorar duas vezes? Uma para cada familiar perdido? Ou prantear para sempre? No fim, senti somente raiva. A família de Carol continuava essencialmente intacta, mas não a minha. Ela tentava me confortar, mas eu lhe disse que nunca poderia compreender o que se passava comigo, que ela jamais poderia entender o que significava lidar com uma perda como aquela.

Era fevereiro, em Sheffield, e a espessa neve no chão abafava os sons da vida cotidiana. Carol e eu morávamos em uma antiga estrebaria infestada de ratos e sem calefação. Deitávamos cedo para nos aquecer. Ela relatou assim o dia que se seguiu:

"Acordei me sentindo um pouco ansiosa. Eu trabalhava como estagiária de psicologia num presídio para menores em Leicester e, por isso, viajava diariamente. Costumava sair às 6h30, tomar o ônibus até a estação, em seguida, um trem, e então pedalar da estação de Leicester até o reformatório. O mesmo se repetia no final do expediente – duas horas e meia em cada sentido.

Naquele dia específico, eu precisava ir ao presídio para entrevistar um acusado de homicídio em prisão preventiva – seria meu primeiro grande teste. Saí de casa com tempo de sobra para pegar o ônibus até a estação. Deixei um bilhete para Geoff, que eu sabia não acordaria antes das 8h30, dizendo 'Deseje-me sorte'.

Nevara muito nas últimas três semanas. O ônibus se atrasou bastante, de modo que cheguei à estação muito próximo das 7h55. A parada ficava bem em frente ao prédio e, naquela época, não havia nada entre o hall principal e a Plataforma 1. Eu via o trem parado e achei que conseguiria alcançá-lo a tempo. Ainda que ninguém estivesse conferindo as passagens, eu levava meu passe na mão e carregava também uma pasta e minha bolsa.

Corri em direção ao trem e agarrei a barra lateral de uma das portas, no momento em que o comboio partia lentamente. Comecei a acompanhar o trem. Atrapalhada com meus objetos e pelas botas de couro que usava, eu não conseguia abrir a porta o suficiente para pular para dentro.

O comboio se movia mais rápido. Não sei se tentei pular rumo ao degrau e me desequilibrei ou se simplesmente fui puxada para baixo pela velocidade crescente. De alguma forma, entretanto, vi-me de pé entre a plataforma e os vagões que passavam – havia um espaço suficientemente largo entre os dois.

Foi então que meu casaco deve ter se enroscado e eu fui puxada para baixo das rodas. Creio nunca ter dito isto a ela, mas lembro-me de gritar pela minha mãe. Não me recordo exatamente do que aconteceu em seguida, mas o trem começou a parar e eu devo ter conseguido me levantar, pois, quando chegaram pessoas correndo pela plataforma, eu estava em pé.

Uma dessas pessoas me disse que era enfermeira e que se encontrava no trem quando ele parou. Ela repetia: 'Não se preocupe, parece que está só quebrado', quando eu lhe disse que as rodas haviam passado sobre o meu braço.

Uma ambulância apareceu e me levou, escoltada por uma viatura policial, em meio ao trânsito matinal, para o Hospital Hallamshire. Ao chegarmos lá, perguntavam-me sem parar quem era meu parente mais próximo. Não tínhamos como custear um telefone naquela época e eu sabia que seria difícil acordarem meu marido batendo na porta.

Meu casaco e demais roupas tiveram todos que ser cortados. Não sei bem o que aconteceu com as botas. Eu não vi meu braço, mas não conseguia sentir nada, de modo que, quando a atendente do setor de ortopedia disse que não seria possível salvá-lo, não me surpreendi.

Lembro-me de acordar algum tempo depois, ver meus pais sentados ao lado da cama e me sentir muito confusa, sem saber como tinham chegado ali. Na manhã seguinte, quando acordei numa enfermaria, o rádio estava ligado e eu pude ouvir uma notícia relatando meu caso – tudo isso, entretanto, pode certamente ter sido criado pela minha imaginação, tendo em vista as doses de morfina que recebia junto com o soro.

Ainda que não me desse conta naqueles dias, meu maior arrependimento foi não ter visto meu braço, nem ser informada de seu destino. Sinto sua ausência e ainda penso nele. Era um pedaço meu.

Durante todo o tempo no hospital, permaneci bastante otimista – os médicos que me acompanhavam se mostravam todos muito entusiasmados com os avanços da protética. Como eu era jovem e saudável e não sofrera outros ferimentos, consideravam o prognóstico positivo.

Os dias ali se transformaram numa rotina confortável. Não havia nada com que me preocupar e nenhuma tarefa demasiadamente difícil ou que demandasse esforço. Do lado de fora, o clima seguia gelado e a neve caía. No alto do Hallamshire, eu estava protegida.

Descobri um jeito para lavar meu cabelo e abrir os pacotes individuais de manteiga e geleia na bandeja do café da manhã. Pensei que meus problemas estavam resolvidos. Geoff e eu chegamos sorrateiramente a ter uma sessão íntima no hospital, algo estranhamente excitante. Acho que era importante para ele demonstrar que o acidente não mudara nada. Era esse seu jeito, suponho.

Depois de um mês, recebi alta. Eu estava ansiosa para que isso acontecesse, mas não me haviam preparado para a desolação que senti ao retornar ao lugar que deixara inadvertidamente trinta dias antes. Objetos outrora familiares tornaram-se coisas com as quais eu tinha que lutar. Dei-me conta do quanto tudo seria difícil.

Quando Geoff foi trabalhar e me deixou sozinha no apartamento frio e bagunçado, chorei de um jeito que me deixou assustada – eu uivava e soluçava. Pela primeira vez, tomei consciência da mudança.

Fomos ao Centro de Reabilitação, creio, com uma visão bastante positiva, quase ansiosos, para ver todas as maravilhas de que os médicos haviam falado. Quando chegamos lá, a sala de espera estava repleta de idosos – nenhum jovem ou mulher à vista. Havia também um conjunto de pernas artificiais alinhadas num canto e outras sinistras próteses cor-de-rosa espalhadas ao redor, esperando para serem provadas.

Para mim, naquela idade, em que mal tivera qualquer doença, parecia a visão de um inferno para o qual eu seria, em breve, arrastada. A consulta não ajudou muito. O foco era essencialmente os vários tipos de acessórios, incluindo um gancho, que podiam ser atarraxados ao braço artificial; este, por sua vez, exercia as funções de segurar objetos, costurar e tricotar, mesmo que nenhuma delas me parecesse importante.

Para mim, importava mais a forma que a função. Eu queria algo que preenchesse aquela manga vazia e restaurasse um pouco de simetria.

Passamos, por isso, aos membros artificiais "cosméticos". Tiraram minhas medidas e dois braços artificiais foram fabricados para mim, de forma a que houvesse sempre um de reserva, caso algo se passasse com o outro.

O braço era pesado e incômodo. Tiras de couros que passavam sobre os ombros e por trás das costas o prendiam. Tampouco era muito convincente quando visto de perto. A cor não era natural e contrastava com o tom da minha pele. Através de um mecanismo interno, era possível dobrá-lo e travá-lo a 90 graus. Esticá-lo novamente nem sempre era fácil, entretanto. Nunca o dominei completamente no curto prazo em que o utilizei, antes de atirá-lo num armário, onde ficou acumulando poeira.

Algumas semanas depois que deixei o hospital – eu ainda tinha curativos no braço –, fomos convidados para sair. Era meu primeiro programa noturno desde o acidente. Fomos de carro.

Tomamos uma rua errada em algum momento e, em pouco tempo, iniciou-se uma briga feroz. Coisas horríveis foram ditas, como em geral acontece em discussões sem sentido. Eu estava chocada, entretanto. Até aquele momento, eu me sentia como se, após o acidente, estivesse imune àquilo. Vivendo num casulo de cuidados, eu achava que ninguém jamais seria grosseiro ou injusto comigo novamente, mas eu estava errada. O mundo e as outras pessoas não me fariam concessões. Eles não tinham mudado, eu sim. De agora em diante, eu estaria em séria desvantagem."

Tudo isso aconteceu há mais de vinte anos. Para Carol e para mim, é uma lembrança vívida e nítida. Na manhã seguinte ao acidente, fui vê-la no hospital, antes que seu braço fosse amputado. Consigo visualizar ainda hoje sua posição, o ângulo da cama e o brilho de seus longos cabelos negros sobre o travesseiro branco.

Eu não acordei e perdi a hora. Alguém do hospital deve ter tentado me encontrar no trabalho, mas foi a secretária do meu orientador quem veio até a minha casa e conseguiu me acordar depois de bater várias vezes na porta. Ela disse que Carol tinha se acidentado, mas que achava não ser nada sério.

"Parece que ela caiu da plataforma, só isso", disse ela. "As plataformas não são muito altas. A queda foi pequena. Ela deve estar bem."

Lembro-me ainda hoje de entender equivocadamente o que ela dissera. Eu pensei que Carol havia caído de seus tamancos. Em minha imagem mental naquele exato momento, há tantos anos atrás, eu a vi tropeçando do alto de seus grandes sapatos plataforma com solados escuros de dez centímetros de espessura e estrelas vermelhas desenhadas – um par de sapatos de nossa época de estudantes incorporado a essa sequência quase de sonho.

Consigo me recordar desse erro de interpretação, depois de todos esses anos, e da imagem mental fugaz que passou velozmente pela minha cabeça.

Meu orientador estava no hospital e ficou comigo na sala de espera. Quando o médico apareceu para conversar, lembro-me de me levantar de um salto, bater a cabeça em algo e desejar que o ferimento fosse sério, o que não foi o caso.

Ele descreveu o que acontecera na estação e disse que teriam que amputar o braço.

"Existe alguma alternativa?", perguntei, como se ele não as houvesse considerado.

Ele chacoalhou a cabeça sem me encarar e me levou para vê-la. Carol estava consciente quando entrei. Ela não sorriu – digo isso porque era como se eu esperasse essa reação – e imediatamente se desculpou, dizendo que tinha consciência de tudo o que eu passara com a morte de meu irmão.

"Sinto muito", disse, esforçando-se agora para sorrir.

Posso ouvi-la ainda hoje proferindo essas palavras, e devo dizer que, naquele momento, e mesmo agora, senti uma vergonha tão grande que me causou náusea.

Segurei sua mão mole e sem vida, naquilo que, suponho, representava minha tentativa de demonstrar que aquele membro, que seria removido, era ainda parte dela e de nós. O casaco que eu vestia, presente de Natal de minha mãe, ficou com a manga manchada de sangue.

Quando levaram Carol para a sala de cirurgia, tive que telefonar e contar a ela o que se passara. Os vizinhos foram obrigados a correr até a farmácia e comprar um calmante. Minha mãe chegou mais tarde, naquele mesmo dia, depois de o braço ter sido amputado, zonza de Valium e álcool, e olhou fixamente para a manga do meu casaco, como se eu não tivesse me dado conta do borrão de sangue que a marcava.

Carol nunca reclamava do que acontecera, mas ficava, por vezes, deprimida.

"É natural", dizia minha mãe.

Ela nunca reclamava, entretanto, e nunca deixou de fazer nada que uma vida ativa e ocupada exigisse, justificando isso com base no acidente. Ela criou três filhos, dirigia, cozinhava e costurava – tudo com apenas um braço. Carol abria garrafas prendendo-as entre os joelhos, consertava vestidos, segurando-os com os dentes, cortava carne para jantares familiares presa em uma tábua com pregos (feita pelo pai dela), e jogava badminton comigo, sacando e golpeando a peteca com sua única mão, até o dia em que um adversário protestou ser isso seguramente contra todas as regras deste que era o mais inglês dos esportes. Em algum lugar, deveria estar escrito ser simplesmente proibido, dizia ele, arremessar a peteca e sacar com a mesma mão. "Isso é certamente uma vantagem injusta." Achei que fosse piada e devo provavelmente ter rido, mas ele falava sério; tinha, no rosto, a expressão superior de quem surpreende alguém roubando.

A única reclamação de Carol era não poder abraçar seus filhos de maneira apropriada e não ser capaz de aplaudi-los em apresentações, premiações ou competições, exceto batendo a palma da mão direita na coxa, num ritual substituto que chamava atenção por sua estranheza.

A dor no braço nunca a abandonava, entretanto. "Não entendo", dizia ela.

"Na verdade, ela parece estar se agravando, ao invés de desaparecer. Há um nível tolerável de desconforto, mais que dor, uma sensação relativamente constante de formigamento nas terminações nervosas, que pode, por vezes, transformar-se em algo mais dolorido. Durante a noite, por exemplo, com certa frequência, se acordo ou não consigo dormir, é simplesmente impossível encontrar uma posição confortável para deitar. Meu braço esquenta e a dor fica bastante intensa. De outro lado, quando estou muito cansada ou ficando resfriada, o braço sofre espasmos de dor. Ele tampouco reage bem a extremos de calor ou frio.

Tenho tentado refletir sobre a dor porque nunca de fato encarei a sensação como a de um "membro fantasma" – não sinto como se tivesse um braço inteiro. Certas vezes, tenho a sensação de que meu punho está firmemente cerrado e que as unhas começam a perfurar a palma da mão. Nessas horas, eu queria poder abri-la e esticar os dedos.

Quando a dor é realmente intensa, a única forma de descrevê-la é como se o acidente tivesse acabado de acontecer. O trem esmagou meu braço há poucos instantes; ele parece pegar fogo e há pedaços de ossos partidos e nervos e tendões triturados – uma sensação de aperto e compressão. Não me lembro se senti isso de fato naquele momento.

Quando os espasmos começam, é difícil não me contorcer a cada onda – um tipo de dor que toma conta de você e que é, muitas vezes, exaustiva. Detesto, sobretudo, quando ocorre à noite e não há nada com que me distrair. Não raro, acho que vou enlouquecer. Não tomo analgésicos, pois não gosto de remédios."

Sempre achei que essa dor representava uma espécie de barreira entre nós. É algo só dela, que a afasta daqueles à sua volta, tomando-a por completo e deixando a todos impotentes, sem poder sugerir nada sensato.

Há algum tempo atrás, entretanto, dediquei-me à leitura do respeitado neurocientista V. S. Ramachandran, cujo livro *The Emerging Mind* explora um novo método para o tratamento da dor em membros fantasma.

Segundo Ramachandran, o cérebro humano possui alto grau de plasticidade – o que teria implicações sobre a maneira de abordar esse tipo de dor.

Sua descrição se encaixa perfeitamente aos sintomas de Carol: "Com frequência, a mão fantasma se fecha em dolorosos espasmos involuntários ou se imobiliza numa posição desajeitada e dolorida que a pessoa não consegue mudar. Descobrimos que alguns desses pacientes tinham danos nervosos anteriores à amputação – casos, por exemplo, de braços que haviam ficado imobilizados em tipoias. Após a amputação, o paciente continua com um fantasma imobilizado (...), como se a paralisia fosse 'transplantada' para o membro fantasma. Possivelmente, a cada vez que o cérebro enviava um comando ao braço intacto, mas paralisado, uma resposta negativa era enviada de volta. E, de alguma forma, esse retorno ficou gravado no (...) cérebro."

Ramachandran testou essa hipótese usando uma caixa de espelhos para fazer com que o cérebro acreditasse que um membro fantasma respondia de fato a seus comandos. O equipamento, montado sobre uma mesa, é composto por um espelho montado num ângulo reto com relação ao peito do paciente, com o braço esquerdo amputado à esquerda dele, e o braço direito intacto, do outro.

O paciente deve olhar para o lado direito do espelho, de modo a enxergar o reflexo do braço inteiro superposto no lugar do membro fantasma. Pede-se então a ele que realize movimentos simétricos com as duas mãos, como bater palmas, sem tirar os olhos do espelho.

Não apenas os pacientes acreditam ver o membro fantasma se movimentando, como podem senti-lo. Esse truque visual, nas palavras de Ramachandran, "anima o membro fantasma, e essa súbita sensação de controle e movimento voluntários, ao que parece, alivia espasmos ou posições incômodas que produzem dor."

Discuti isso com Carol, que disse que seria talvez demasiadamente estranho ver e sentir o braço se movendo novamente. Ela sempre contava que, em sonhos, ainda sentia o braço esquerdo, mas que mesmo nessas situações, quando se via novamente com dois braços, a sensação era inquietante.

Num sonho recorrente, ela anda de bicicleta, guiando sua velha Raleigh com as duas mãos e cantando no retorno para casa, de um ensaio do coral, pela zona rural de Cambridge. É um sonho muito alegre, que remete aos anos despreocupados nos charcos de Norfolk, antes que a vida mudasse para ela e para mim.

O assunto provavelmente teria morrido aí, se eu não tivesse descoberto que uma versão mais sofisticada do tratamento para membro fantasma com a caixa de espelhos estava sendo iniciada na Universidade de Manchester (ver Murray, 2006, e Murray et al., 2007).

A técnica consiste no uso de um monitor de realidade virtual montado na cabeça do paciente e ligado a sensores conectados ao braço intacto, de forma a propiciar imersão plena. Uma representação virtual do membro ausente é gerada pela transposição dos movimentos do braço oposto para o espaço fenomenológico do membro fantasma.

As tarefas são relativamente básicas, mas exigem esforço – usando a representação virtual do braço, os participantes devem tocar formas coloridas que acendem em sequência ou rebater, num campo, uma bola virtual.

Alguns estudos de caso iniciais desse projeto pareciam bastante promissores. Um dos participantes relatou sensações vívidas de movimentos em seu membro fantasma. "Durante o experimento, eu realmente senti como se fosse meu braço esquerdo que acertava a bola. Meu braço fantasma, e não o braço direito (...), e era algo real, não uma ilusão."

Ele também afirmou que, "se pudesse aproveitar esse movimento no membro fantasma, talvez eu pudesse abrir os dedos e aliviar um pouco a cãibra". Seus registros mostraram uma redução na intensidade da dor, nos dias após o teste, e mudanças positivas nos padrões de sono, chegando a dormir por cinco ou seis horas ininterruptas, contra apenas duas ou três antes do tratamento.

Outro participante passou por uma mudança dramática em sua relação com o membro fantasma após uma única sessão. Sua experiência, no dia a dia, era a de um punho firmemente cerrado e das unhas rasgando a palma da mão. Depois de um dia de tratamento, suas palavras foram: "É engraçado (...), um dos meus dedos está esticando. Ele parece apontar agora."

Era apenas o início, entretanto – os primeiros estudos de caso. A pesquisa mal começara. Parecia, não obstante, uma oportunidade demasiadamente boa para desperdiçar – a psicologia se incorporando ao núcleo da vida de alguém. Talvez fosse eu quem desejasse poder fazer algo, depois de tantos anos de impotência.

Carol, em sua casa em Sheffield, concordou em participar, mas eu sentia, desde o começo, sua apreensão. Ela, entretanto, era educada demais para dizer não. Suas dúvidas possivelmente faziam todo sentido, sobretudo para alguém que lidara de forma extraordinariamente positiva com a perda do braço.

As próteses – desajeitadas, disfuncionais e chamativas – haviam sido abandonadas anos antes, após poucos meses de uso parcial. Carol é bastante alta, tem ótimo condicionamento físico e é uma excelente corredora (começou a correr evidentemente por minha causa), sempre ganhando prêmios em sua faixa etária – normalmente primeiro lugar, tanto na Grã-Bretanha, como no exterior. Ela adora ver suas fotos na revista *Runners World* e, de certa forma, tornou-se um ícone no mundo dos corredores.

Carol usa uma pequena meia preta sobre o braço esquerdo e veste sempre uma camiseta, a despeito do clima – "Não tenho nada a esconder" é seu modo de encarar a vida. Ela é bastante reconhecida no circuito de corridas – muito mais do que eu um dia serei – e muito admirada por seu preparo e também pela fibra e determinação.

Sua principal ansiedade, ao participar do experimento, era saber se teria que remover a meia preta da ponta do braço.

Então, cá estamos nós, sentados numa sala de universidade, cuja parede tem a pintura descascada. O monitor de realidade virtual e o computador estão em um canto e, por algum motivo, no outro, há uma velha e desajeitada prótese cor-de-rosa. Vejo Carol encarando o braço artificial e sei o que ela está pensando. Esse não é o mundo de alta tecnologia que eu lhe havia prometido – não é a modernidade.

O pesquisador é bastante simpático e faz perguntas sobre as experiências de dor. Ele entrega a ela um material de leitura a respeito do projeto que, infelizmente, fala em "pacientes" e "toco" do braço. Carol e eu nos encaramos intrigados. Nunca nos referimos a seu braço esquerdo como um "toco" – é seu braço. Por instantes, é como se ela estivesse sendo arrastada para aquele pesadelo de anos atrás, quando, na verdade, esforçou-se muito para afastar-se dele. Percebo que ela preferiria ir embora, mas que fica para me agradar, para que eu me sinta ajudando.

O pesquisador instala o monitor, que parece um pouco torto e vagamente cômico. Ninguém ri, entretanto. Carol educadamente chama a atenção do cientista e ele conserta o posicionamento. Noto o pescoço dela ficando vermelho de vergonha.

De repente, ela se encontra no ambiente virtual, num campo, tentando acertar uma bola com um taco – uma tarefa estranha. Carol olha ao redor, observa suas pernas virtuais, seu braço direito parado e seu braço esquerdo computadorizado se movendo pelo espaço. O exercício é difícil e ela se desculpa o tempo todo. "Talvez, por isso, eu nunca tenha sido boa no tênis", diz.

"Ou no badminton", eu acrescento, tentando ser irônico.

O pesquisador pede a ela que abra e feche os dedos. Percebo que não lhe agrada sequer tentá-lo. Carol ensaia movimentos hesitantes.

É como assistir a uma criança aprendendo a andar ou acenar. Ainda que seja sua mão direita que abre e fecha, o cérebro é induzido a pensar tratar-se do braço esquerdo em ação.

Ela não se sai muito bem rebatendo bolas, mas o desempenho é melhor no exercício dos quadrados coloridos, movimentando o braço virtual para tocar os polígonos. Carol torna a exercitar a abertura e fechamento dos dedos. Ela encosta as pontas do dedão e do indicador e, por um rápido instante, sente que o tato vinha da mão esquerda real – uma sensação fugaz, mas única, confortavelmente familiar, oriunda de um passado distante e quase esquecido – algo a que ela queria se agarrar após tanto tempo sem sentir.

Após mais alguns minutos de ação corporal pouco natural e forçada, o experimento termina, e Carol retorna à realidade mais mundana do laboratório bagunçado e da desajeitada prótese cor-de-rosa. Agradecemos ao pesquisador e deixamos a sala em silêncio, tentando absorver o que se passara e o que poderia significar para o futuro.

Mais tarde, naquele mesmo dia, tudo volta ao normal. A dor ataca e Carol segura seu braço esquerdo, a mesma expressão familiar no rosto, enquanto tenta suportá-la sem analgésicos e sem reclamações.

Ela me vê olhando-a e fala num tom de desculpa que me deixa ainda pior: "Não sei, talvez o teste tenha me deixado muito cansada."

Naquela noite, a dor retornou de forma bastante intensa. Ela acordou e não conseguia pegar novamente no sono. O dia seguinte, entretanto, amanhece claro e ensolarado, e Carol se sente mais otimista em relação ao tratamento.

"Acho que pode ser interessante", diz ela, afirmando querer sinceramente tentar outra vez a experiência.

Eu digo que não deve fazer isso apenas para me agradar – o impotente nessa história toda. Ela insiste que deseja realmente fazê-lo, pois é de fato algo demasiadamente importante para ser descartado.

"Mas talvez eles pudessem fazer algo com aquele laboratório, sabe? Deixá-lo mais moderno", ela diz após pensar um pouco. "E tornar a mão virtual um pouco mais realista e feminina. Os dedos eram grandes demais para mim. Meu cérebro precisa acreditar que se trata de fato da minha mão se movendo, e não acho que dá para enganá-lo com aquilo."

Um sorriso lentamente toma conta de seu rosto: "E talvez vestir a figura virtual com roupas esportivas e um corpo um pouco mais atlético e, quem sabe, fazer com que esse personagem, supostamente eu, se mova um pouco mais, talvez correr. Pode ser que assim eu consiga me deixar envolver mais pelo experimento."

Rimos alto, os dois – da forma que todos precisamos, sem dúvida, vez ou outra.

É esse, entretanto, até aqui, o final da história. Ela nunca retornou àquele laboratório bagunçado. "Mas quem sabe um dia", disse. "Pelo menos, eu sei que há algo a que posso recorrer, se precisar. Fico mais tranquila."

Surpreendi-me sorrindo, não pela experiência em si, nem pelas partes cômicas daquilo a que acabáramos de nos submeter – mesmo Carol afirmou que devíamos ter rido da maneira como o pesquisador conduzira o experimento –, mas em função da genuína percepção de que a psicologia pode ser útil em quase qualquer aspecto da vida de alguém, mesmo os mais pessoais e profundos.

Ela não se limita simplesmente a dicas para se dar bem num flerte, conseguir que seu parceiro faça a faxina por meio de estímulos subliminares ou que seja simpático através de sugestões sexuais inconscientes – apesar de que tudo isso tenha indubitável importância. A psicologia pode ser aplicada a praticamente qualquer problema em nossa vida, grandes ou pequenos, incluindo nossas questões mais pessoais e íntimas. Ela pode trazer esperança onde antes não havia.

Essa é uma percepção realmente poderosa para a disciplina e, devo confessar, para mim pessoalmente, pois escolhi dedicar minha vida a essa área da psicologia.

E Carol, sem qualquer relutância ou ter de ser convencida, concordou com essa ideia fundamental, quando depois a discutimos, mesmo que sua experiência inicial nesse novo mundo virtual não tivesse sido talvez aquilo que esperava.

Ela disse gostar da ideia de que suas sensações de simetria e completude corporal poderiam não estar para sempre perdidas, e de que seu cérebro pudesse ser induzido a fazê-la sentir-se diferente e a aliviar a dor. Ela valoriza a possibilidade de poder retornar a isso quando escolher.

Podemos hoje, em função do que nos ensina a pesquisa psicológica, direcionar o cérebro humano por caminhos que nos ajudam, não somente a ter uma vantagem competitiva, mas a recuperar o controle da vida – o controle que tínhamos outrora, quando éramos capazes de tudo, o controle de que todos deveríamos dispor em nosso cotidiano, o controle que todos merecemos.

- Nada está determinado para sempre, nem mesmo perdas emocionais ou físicas profundas.
- Nem mesmo a perda de um braço precisa ser permanente do ponto de vista cerebral – é possível fazer com que o cérebro "enxergue" um braço que não existe.
- A psicologia pode nos ajudar de formas que nem imaginávamos possíveis uma geração atrás.
- Somos todos capazes de nos tornar mais "inteiros", a despeito de circunstâncias individuais.

CTP • Impressão • Acabamento
Com arquivos fornecidos pelo Editor

EDITORA e GRÁFICA
VIDA & CONSCIÊNCIA

R. Agostinho Gomes, 2312 • Ipiranga • SP
Fone/fax: (11) 3577-3200 / 3577-3201
e-mail:grafica@vidaeconsciencia.com.br
site: www.vidaeconsciencia.com.br